한국지방행정연구원총서

지방자치단체의 노인복지서비스

조석주 이상묵

博英社

머 리 말

창밖의 날씨가 영하 10도를 오르내리고 있고 더구나 바람이 세차게 불고 있어 체감온도는 아마 영하 15도 정도는 됨직한 아주 추운 겨울 날씨이다. 사계절 중 다른 어느 계절보다도 오늘과 같은 추운 겨울 날씨가 계속되면 괜스레 나 스스로 미안해진다. 나는 난방이 들어오는 따뜻한 연구실 책상에 앉아서 추위걱정 없이 편안하게 연구를 하고 있지만 차가운 겨울바람을 맞으면서 길거리에서 일하고 있는 사람들은 얼마나 추울까라는 생각에 미치면 가슴이 아파 온다. 특히 내가 몸담고 있는 연구원에서의 하루 일과를 마치고 산본 전철역에서 내려 집 방향으로 가는 도중의 육교 위에서 바람막이도 없이 푸성귀와 나물 몇 덩이를 좌판에 올려놓고 팔고 있는 할머니가 추위에 떨고 있을 생각을 하니 더욱 안스럽기만 하다.

우리 사회에는 풍요롭고 행복하게 살아가는 사람도 있지만 어두운 그늘에서 어렵게 살아가는 사람들도 많이 존재한다. 우리나라가 자본주의 사회이고 그러다 보니 기본적으로 시장경제의 원리에 의해 세상 모든 일이 운영되고 해결될 수밖에 없으며, 그로 인해 개인능력의 차이에 따라 잘 살고 못 사는 사회현상이 나타나는 것은 어쩌면 당연한 일이라 할 수 있다. 이와 같은 양자 간의 극한 빈부격차의 완화와 갈등 조정 그리고 형평성 있는 사회를 만드는 역할을 수행하는 것이 국가이며 이를 계획하고 실천하는 것이 사회복지정책이라 할 수 있다. 그러나 우리나라는 양극화 현상이 더욱 심화되고 있는 것이 현실이며, 특히 노인문제는 그 상태가 매우 심각하다.

노인문제 및 노후문제는 현재 우리 부모님 세대가 겪고 있는 심각한 현실적인 문제이고 약 십 몇 년 정도가 지나면 바로 내 스스로 자연스럽게 부닥칠 수밖에 없는 운명적인 문제이기도 하다. 때문에 최근 신문 및 방송매체에서 노인문제 또는 노후준비에 대한 이야기가 나오면 쉽게 그냥 넘어가지지 않는다. 또한 우리 나이 또래의 세대가 부모님을 봉양하는 마지막 세대, 자식으로부터 버림받는 첫번째 세대라는 반우스개 말이 왜 그리 실감나게 가슴에 와 닿는지 모르겠다.

우리나라는 이미 고령화사회에 따른 여러 가지 노인문제, 그중에서도 특히 질병, 빈곤, 사회적 소외감, 독거노인 등의 문제가 크게 발생하고 있다. 과거에는 노후문제가 자녀의 돌봄 등으로 인해 가정내에서 모두 해결되었지만 시대상황의 변화에 따라 이와 같은 문제는 이제 개인 차원이 아닌 국가 차원에서 접근할 수밖에 없는 사안이 되었다. 노후문제가 개인적·가정적 차원에서 처리하기에는 너무 큰 사회화 현상으로 나타나고 있기 때문이다. 현재 우리나라 노인세대의 대부분은 자식에 대한 교육비 투자 등으로 자신들의 노후에 대한 대비를 전혀 할 수 없었으며, 가정과 사회내에서 과거와 같은 어른으로서의 존경과 대우를 제대로 받지 못하는 상태에서 여러 가지 어려움을 겪고 있기 때문에 심리적·육체적인 고통은 더욱 클 수밖에 없다.

우리나라도 이와 같은 현상에 대응하여 중앙정부 차원에서 노인문제를 해결하기 위해 여러 가지 정책을 수립하고 시행하고 있으나 그 체감도는 낮은 편이며 특히 지방자치단체의 자율적인 노력과 역할이 미진한 것이 현실이다. 즉, 지방자치단체는 중앙정부의 지시에 따라 수동적으로 지역의 노인복지서비스를 제공할 뿐 보다 적극적으로 자신들의 노력으로 지역실정에 맞는 노인복지서비스 제공을 위한 정책개발과 실천이 부족하다. 이는 지방자치단체만의 잘못은 아니며 국가 차원의 노인복지제도 자체적인 문제에 기인할 수도 있다. 그러나 이제 지방자치단체도 지금까지와 같이 단지 중앙정부의 지시에 따라 수동적으로 노인복지정책을 추진할 것이 아니라 지방자치단체 스스로 지역내 노인구성 형태와 생활환경 및 건강상태 분석, 수요자인 노인의 의견수렴을 통해 노인복지정책을 수립하고 노인복지서비스를 공급해야 할 것이다. 즉, 지역특성에 맞는 맞춤형 노인복지서비스를 제공해야 한다.

본 연구는 이와 같은 관점에서 시작되었으며 지방자치단체의 노인복지 행정체제의 문제점 도출과 노인복지서비스 공급자인 노인복지담당 공무원 및 사회복지사, 그리고 실질적인 노인복지서비스 수혜자인 노인들의 의식조사 결과를 분석하여 이를 바탕으로 지방자치단체의 노인복지서비스에 대한 개선방안을 제시하였다.

본 저서가 지방행정과 노인복지를 연구하는 학자와 수학중인 후학 그리고 지방자치단체의 노인복지담당 공무원들에게 많은 도움이 되길 바라며, 본 연구를 책자로 발간할 수 있도록 결정하고 격려해 주신 한국지방행정연구원 김주현 원장님, 임성일 정책연구

실장님, 한표환 혁신기획실장님, 동료직원들, 설문조사에 협조해 주신 성동구청, 군포시청, 음성군청의 노인복지담당 공무원, 객원연구원 이대연 군에게 감사의 말씀을 드립니다.

2008년 무자년 새해 첫날 서초동 연구실에서

조석주 · 이상묵

차　　례

제 1 장 서　　론

제 1 절 연구 목적 ······ 9

제 2 절 연구 범위 및 방법 ······ 11

1. 연구 범위 ······ 11
2. 연구 방법 ······ 13

제 2 장 노인복지서비스에 관한 이론적 논의

제 1 절 우리나라의 고령화 현황 및 문제점 ······ 16

1. 고령화사회의 정의 ······ 16
2. 고령화 추세 및 현황 ······ 16
3. 고령화의 영향 및 문제점 ······ 19

제 2 절 노인복지서비스의 개념과 유형 ······ 30

1. 노인복지서비스의 개념 ······ 30
2. 노인복지서비스의 유형 ······ 31

제 3 절 우리나라 노인복지서비스의 내용과 전달체계 ······ 34

1. 현행 법체계상의 노인복지서비스의 내용 ······ 34
2. 노인복지서비스 전달체계 ······ 39

제 4 절 외국의 노인복지서비스 사례 분석 ······ 46
1. 미 국 ······ 47
2. 유 럽 ······ 49
3. 일 본 ······ 53
4. 시 사 점 ······ 56

제 3 장 지방자치단체의 노인복지서비스 현황과 문제점

제 1 절 개 요 ······ 59
제 2 절 사례지역의 노인복지서비스 현황 ······ 60
1. 대도시: 성동구를 중심으로 ······ 60
2. 중소도시: 군포시를 중심으로 ······ 69
3. 농촌지역: 음성군을 중심으로 ······ 81
제 3 절 지방자치단체의 노인복지서비스의 시사점 및 문제점 ······ 88
1. 시 사 점 ······ 88
2. 문 제 점 ······ 91

제 4 장 의식조사 및 분석

제 1 절 조사설계 ······ 99
제 2 절 노인의식 조사 및 분석 ······ 104
1. 인구통계학적 분석 ······ 104
2. 노인복지서비스 유형별 분석 ······ 107

제 3 절 전문가의식 조사 및 분석 ········· 124
1. 인구통계학적 분석 ········· 124
2. 노인복지서비스 내용 분석 ········· 126
제 4 절 시 사 점 ········· 142
1. 노인의식 분석 ········· 143
2. 전문가의식 분석 ········· 147

제 5 장 지방자치단체의 노인복지서비스 개선방안

제 1 절 기본방향 ········· 151
1. 지방자치단체의 자율성 강화 ········· 151
2. 노인의 정책참여에 의한 지역실정에 맞는 노인복지서비스의 제공 ········· 153
제 2 절 개선방안 ········· 155
1. 제도적 측면 ········· 155
2. 운영적 측면 ········· 169

제 6 장 결 론 ········· 179

참고문헌 ········· 185

부록: 설문지— 노인복지서비스 의식조사 ········· 191

제 1 장

서 론

제 1 절 연구 목적

급속한 산업화와 경제발전으로 인한 평균수명의 연장으로 노령층의 인구가 급속하게 증가하고 있으며 사회 전반적으로 많은 노인문제가 발생하고 있다. 2007년 현재 65세 이상의 노인인구가 전체인구의 약 9.9%이며, 핵가족화에 따른 독거노인 및 노인부부만 동거하는 사례가 증가하고, 노인인구의 취업기회가 부족하여 이로 인한 경제적 빈곤문제, 노화에 따른 만성 질병 등의 문제가 제기되고 있다.

인구의 고령화로 인해 한국사회의 지속발전 가능성과 미래에 대한 국민들의 불안감이 증대하고 있으며, 특히 우리나라는 빠른 고령속도에 비해 경제·사회 안전망이 미흡하여 고령화로 인한 사회문제가 생각보다 심각할 것으로 예측된다.

국가에서는 이와 같은 현상에 대비하여 여러 가지 노인복지정책을 수립하고 있으며, 지방자치단체 차원에서도 사회복지과, 주민생활지원과, 보건소 등을 통해 노인문제를 해결하기 위해 서비스를 강화하고 있으나 가시적인 효과가 크게 나타나고 있지 않다.

한편 고령화사회로 진입하면서 한국사회에서 노인들의 서비스 욕구가 다양해지고 서비스를 필요로 하는 수요자의 범위가 넓어지고 있다. 보다 효율적으로 노인복지서비스가 공급되기 위해서는 서비스의 내용뿐만 아니라 서비스를 전달하는 공급자와 서비스를 받는 수요자와의 관계에 있어서도 변화가 필요하다. 특히, 급증하는 노인복지서비스 욕구와 대상의 확대로 인해 과거 중앙정부에 의한 상의하달식 전달체계만으로는 서비스가 효과적으로 수요자에게 전달되기 어렵다. 점차 수요자 중심의 노인복지서비스의 필요성과 중요성이 인식되고 이에 따라 지역사회복지서비스의 강화가 요구되면서 지방자치단체와 지역의 민간단체 및 지역주민의 역할이 강조되고 있다.

그러나 현실적으로 지방자치단체별로 지역실정에 맞는 독자적 정책추진의 한계성이 존재한다. 즉, 지방자치단체는 중앙부처의 지시나 방침을 단순히 집행하는 경우가 많고, 지방자치단체의 독자적 시책들도 체계적이고 포괄적이지 못하며 지역 내의 다른 민간단체 및 지역주민과의 유기적인 협력관계도 이루어지고 있지 못한 실정이다. 즉 지방자치단체의 노인복지정책 계획수립 및 정책결정 시, 수요자인 노인의 의견수렴이 생략되어 있는 경우가 대부분이며 의견수렴절차가 있다 하더라도 형식적인 경우가 많다. 이런 결과로 지방자치단체의 노인복지서비스도 지역실정에 맞는 노인복지서비스라기보다는 획일적인 서비스내용이 주를 이루고 있다. 한편 중앙정부는 정책수요・자원・재정・부담능력 등 지역별 차이를 고려한 정책개발이 미흡한 실정이다.

이와 같은 상황인식하에서 국가차원이 아닌 지방자치단체가 지역에 거주하는 노인들을 위해 할 수 있는 효율적인 노인복지서비스 제공방안은 무엇이며 이를 통해 수요자인 노인들이 만족할 수 있는 노인복지서비스가 무엇인가를 연구의 초점으로 하였다.

이를 위해 현재 우리나라 지방자치단체의 노인복지서비스 운영체제를 분석하여 제도·운영적인 측면에서의 문제점을 도출하는 한편, 실질적인 노인복지 수혜자인 노인의 의식조사와 노인복지서비스를 공급하고 있는 공무원, 사회복지사 등의 의식조사를 통해 사회인식적 측면에서 이들이 현장에서 체감하고 있는 노인복지서비스의 문제점 분석과 이를 통한 시사점을 도출하였다.

본 연구는 이와 같은 연구방법에 의해 도출된 문제점과 시사점을 중심으로 지방자치단체 차원에서 노인들에게 제공할 수 있는 노인복지서비스의 내용과 서비스 제공방안을 제시하였다.

제2절 연구 범위 및 방법[1)]

1. 연구 범위

본 연구를 효율적으로 수행하고 효과적인 연구를 수행하기 위하여 연구의 범위를 다음과 같이 설정하였다.

첫째, 대상적 범위이다. 노인복지서비스를 총체적으로 연구하기 위해서는 중앙정부와 광역자치단체 그리고 기초자치단체를 총괄하여 연구를 수행하는 것이 바람직하다고 볼 수 있다. 그러나 이럴 경우 연구범위가 지나치게 광범위해지는 것은 물론 시간상의 제약으로 이를 수행하는 데 어려움이 예상되므로 기초자치단체로

1) 본 연구의 기본적인 분석체계는 [그림 1-1]을 참조바랍니다.

[그림 1-1] 연구의 분석체계

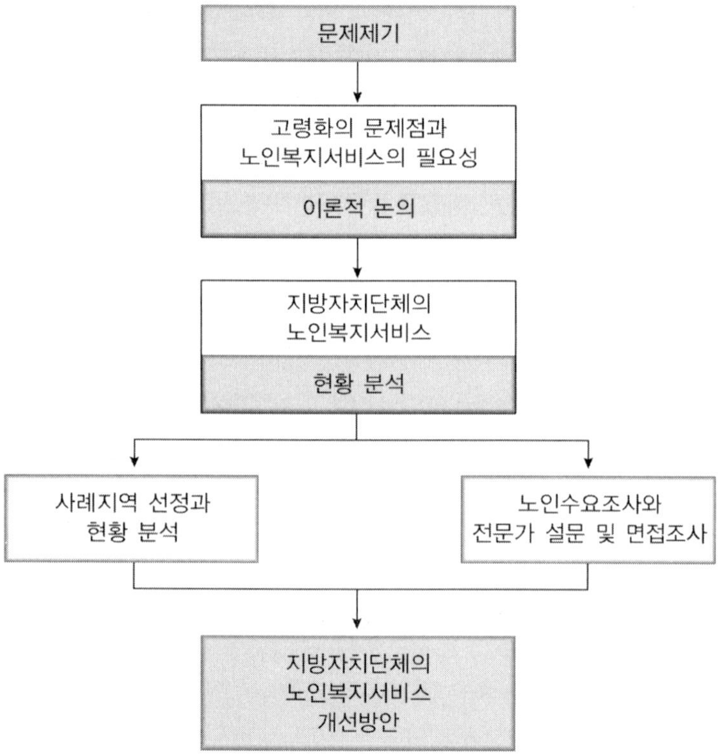

한정하였다. 기초자치단체는 다시 도시유형에 따라 대도시, 중소도시, 농촌지역으로 구분하였으며, 유형별로 사례지역을 선정하여 현황과 문제점을 분석하였다. 사례지역은 대도시는 서울, 그중에서도 성동구를 중심으로 분석하였으며, 중소도시는 경기도 군포시, 농촌지역은 충청북도 음성군을 대상으로 하였다. 둘째, 내용적 범위이다. 우선 기본적으로 우리나라의 고령화 추세와 이에 따른 문제점을 살펴보았다. 실질적인 연구내용으로서 중앙정부 즉 보건복지부 중심의 노인복지정책이 아닌 지방자치단체에서 지역노인들에게 제공하고 있는 서비스를 제도적 노인복지서비스와 사회적 노인복지서비스로 구분하고, 사회적 복지서비스를 다시 시설노인복지서비스와 재가노인복지서비스로 분류하여 이를 중심으로 연구를 수행하였다. 또한 사례지역 자치단체별로 노인복지서비스관련 행정체제와 예산 등을 살펴보았으며, 미국 및 일본의 지방자치단체에서 수행하고 있는 노인복지서비스의 사례를 통하여 시사점을 도출하였다.

본 연구에서는 재정과 관련된 부문은 연구범위에서 제외시켰는데 그 이유는 2006년 당 연구원에서 이와 관련한 보고서가 출간되었기 때문이다.[2)]

2. 연구 방법

본 연구의 목적을 효과적으로 달성하기 위하여 다음과 같은 연구방법을 활용하였다. 첫째, 문헌분석이다. 지방자치단체의 노인복지서비스 시행과정에서 발견되는 문제점과 개선점을 도출하기 전에 기존에 발표된 관련문헌과 연구내용을 조사하였다. 노인복지에 대한 기본적인 이해와 현황을 파악하기 위해 보건복지부에서 발간된 자료, 관련기관 및 관련학자들이 발표한 논문자료를 검토하여 연구에 활용하였다.

둘째, 현장 실태조사이다. 앞에서 언급한 바와 같이 사례지역을 대도시지역, 중소도시지역, 농촌지역으로 유형화하여 현지를 직접 방문하여 자치단체의 노인복지 담당공무원, 노인복지시설 운영

---

2) 이상용 · 이효, "고령사회에 대비한 정부간 재정분담구조 개편 및 지방자치단체의 대응방안," 한국지방행정연구원 연구보고서(제393권), 2006. 12.

관계자, 보건소의 담당공무원 및 방문간호사, 사회복지사 등 노인복지관련 관계자와의 면담을 통해 지방자치단체의 노인복지서비스 현황과 문제점을 파악하였다.

셋째, 설문조사를 통한 의식분석이다. 설문조사는 노인복지서비스의 실제 수요자인 노인과 전문가조사[3])를 병행하였다. 전문가는 노인복지 담당공무원, 보건소의 노인복지관련 공무원, 노인복지시설 등에서 일하고 있는 사회복지사를 대상으로 그들이 생각하고 있는 지방자치단체의 노인복지서비스에 대한 의식을 조사·분석하였다. 노인에 대한 의식조사 내용 역시 조사대상을 제도적 노인복지서비스, 시설노인복지서비스, 재가노인복지서비스로 구분하여 해당 자치단체를 통해 각 설문유형에 따라 제대로 답변할 수 있는 노인들을 선별하도록 하였다. 사례지역의 노인복지담당 공무원과 사회복지사가 이들을 대상으로 조사를 실시하였으며 한편으로는 연구진이 직접 사례지역 노인복지시설을 방문해서 노인들을 대상으로 설문조사와 면접조사를 실시하였다.

---

3) 사회복지 관련 교수 등 학자집단이 제외된 상태에서 노인복지담당 공무원과 사회복지사 등을 대상으로 조사를 하였기 때문에 '행정담당자', '정책담당자'로의 명칭을 고려하였으나 수요자인 노인계층에 대비된 공급자 입장에서 노인복지와 관련하여 현장실무에 전문성이 있다고 판단하여 전문가라는 용어를 사용하였다.

제2장

노인복지서비스에 관한 이론적 논의

고령화사회로 인해 선진국가에서 이미 경험했던 노인문제가 현재 우리나라에서 나타나고 있다. 오히려 그 진행 속도에 있어서 다른 선진국들에 비해 월등히 빠른 모습을 보이고 있는 한국 사회는 그것으로 인한 사회·경제적 문제의 심각성이 타국에 비해 크다고 할 수 있다. 반면에 노인복지서비스를 위한 정부의 정책은 아직 만족할 만한 수준에 이르지 못하고 있다.

본 장에서는 우선 우리나라에서 고령화사회의 추이와 이에 따른 문제점 그리고 이를 극복하기 위한 노인복지서비스의 필요성을 제기하였다. 이어서 노인복지서비스의 개념과 유형을 파악한 후, 현재 우리나라에서 시행되고 있는 노인복지서비스 내용에 대한 법률적 근거와 전달주체에 대해 살펴보았다. 끝으로, 우리나라 지방자치단체의 노인복지서비스 개선방안을 제시하기 위한 시사점 도출을 위해 외국 지방자치단체의 노인복지서비스 사례를 살펴보았다.

제1절 우리나라의 고령화 현황 및 문제점

1. 고령화사회의 정의

전 세계적으로 노인인구의 비율이 빠르게 증가하고 있다. 경제발전과 더불어 의료기술의 발달 및 영양상태의 호전 등의 요인으로 인해 사람들의 평균 수명이 과거에 비해 월등히 증가하여 전체 인구에서 노인들이 차지하는 비중이 급격히 증가하고 있다.

최근에 많이 쓰이는 고령사회 또는 고령화사회라는 용어는 1950년대 말에 사용되기 시작하여 지역에 따라 그리고 시대에 따라 약간씩은 혼용되어 사용되기도 했는데 일반적으로는 '고령화사회', '고령사회', 그리고 '초고령사회'라는 세 가지 용어가 구분되어 사용되고 있다. 먼저, '고령화사회'는 전 국민 가운데 65세 이상의 노인인구 비율이 7% 이상인 경우를 말하며, '고령사회'는 노인인구 비율이 14% 이상인 경우를 말한다. 또한 65세 이상의 노인인구 비율이 전 국민의 20%를 넘어설 때 '초고령사회'라고 한다.

2. 고령화 추세 및 현황

가. 고령화 추세

우리나라의 65세 이상 노인인구는 2000년에 340만명, 2006년 460만명이며 향후 2018년에는 약 716만명, 2026년에는 1,036만명이

[표 2-1] 고령화 추이

연 도	'00년	'05년	'18년	'26년	'50년
노인인구수 (만명)	340	460	716	1,036	1,579
노인인구 구성비(%)	7.2 (고령화사회)	9.3 (-)	14.3 (고령사회)	20.8 (초고령사회)	37.3 (-)

자료: 보건복지부(2006).

될 것으로 예상된다. 전체인구에서 차지하는 비율을 보면 2007년 7월 현재 9.9%에 달하고 있어 이미 고령화사회에 진입하였으며 2018년에는 약 14.3%로 고령사회에, 2026년에는 노인인구 비율이 20.8%로 초고령사회로의 진입이 예상된다(보건복지부, 2006).

우리나라의 고령화 문제는 전 세계 최저수준의 출산율과 결합돼 심각한 노동력 부족과 국가경쟁력 약화를 초래하고 있다. 2007년에는 생산가능인구 7.3명이 노인 1명을 부양하고 있지만 2020년에는 4.6명이, 2050년엔 1.4명이 노인 1명을 책임져야 할 것으로 예상된다(중앙일보, 2007. 10. 2).

평균수명은 1981년 66.2세, 2005년 77.9세 이며 2010년에는 79.1세, 2030년에는 81.9세로 세계에서 가장 오래 사는 장수국가 중의 하나가 될 것이 예상된다.

나. 전국 고령화 현황

우리나라는 2007년 현재 전국 234개 기초자치단체 중 65세 이상 노인비율이 20% 이상인 초고령 지역이 30곳에 달하며 대표적인 자치단체를 살펴보면 [표 2-2]와 같다.

해당 자치단체의 인구 중 65세 이상 노인인구 비율이 가장 높

[표 2-2] 지방자치단체의 고령화 비율

지방자치단체	65세 이상 비율(%)
경남 의령	24.7
경남 남해	24.7
경북 의성	23.6
경북 군위	23.5
전남 곡성	23.3
경남 산청	23.1
전북 순창	23.0
전남 고흥	23.0
전남 보성	22.9
전북 임실	22.7
경북 예천	22.6

은 자치단체는 경남 의령과 남해로 24.7%이며, 이어서 경북 의성(23.6%), 경북 군위(23.5%), 전남 곡성(23.3%), 경남 산청(23.1%), 전북 순창(23.0%), 전남 고흥(23.0%), 전남 보성(22.9%), 전북 임실(22.7%), 경북 예천(22.6%) 순이다.[1]

1) [표 2-2]에서 보는 바와 같이 고령화 비율은 농촌지역이 도시지역에 비해 매우 높으나 농촌지역이 도시지역에 비해 노인이 더 많이 거주하고 있다는 의미는 아니다. 이는 지역내 인구중 65세 이상의 노인인구가 차지하는 비율이 높음을 의미하며, 그 이유는 농촌지역의 젊은 사람이 모두 도시지역으로 대부분 빠져나갔기 때문이다. 이와 같은 노인인구 비율의 차이에 의한 도시지역과 농촌지역의 유형에 따라 노인복지에 대한 관심도와 재정지원, 이에 따른 서비스 유형의 차이 등 노인복지정책의 차별화가 있어야 하나 대부분 우리나라 지방자치단체의 노인복지서비스 유형 및 내용은 유사하다.

3. 고령화의 영향 및 문제점

가. 고령화의 영향

최근 빠르게 진전되는 고령화는 생산가능 인구(15~64세) 감소 및 고령화, 노동생산성 저하, 투자 위축, 기술혁신 둔화 등 성장 장애요인으로 작용하여 경제위기요인으로 작용할 수 있다. 특히 생산가능 인구 1백명당 고령인구가 2000년에는 10.1명이었으나 2018년에는 19.7명, 2026년에는 30.8명, 2050년에는 69.4명으로 급증할 것으로 전망되고 있다(보건복지부, 2006).

고령화는 저축률 하락과 자본공급 축소를 가져오고 사회적인 부양부담을 가중시켜 경제성장을 떨어뜨릴 수밖에 없다. 고령화대책으로 고령자를 고용하는 기업에 보조금이나 세제지원 등 인센티브를 주어야 하며 정년 연장에 대한 사회적 합의가 필요하다. 또한 고령인구를 위해서는 장기요양보험제도의 도입, 실버타운, 전문병원, 양로원, 가정의료소 등 노인복지시설 확충, 실버산업 민간참여 유인책 마련 등이 필요하다(삼성경제연구소, 2002).

한국은행이 인구구조, 경제발전단계, 재정수지, 교역조건, 실질환율 등을 종합적으로 검토해 실증분석한 결과, 고령화에 따른 저축률 감소와 내수확대 등으로 우리나라는 2003년부터 경상수지가 적자로 돌아서 짧게는 3년, 길게는 10년 내내 적자가 지속될 것으로 전망하고 있다. 따라서 민간저축 확대와 적정성장률 유지 등 적극적인 대책을 마련해야 할 것으로 지적되고 있다. 인구부양률이 1% 높아지면 국내총생산(GDP)에 대한 경상수지비율은 연간 0.4% 떨어지며 재정수지 흑자규모가 1% 확대되면 경상수지는 연간 0.5%

개선되는 것으로 분석되었다. 우리나라의 경우, 고령화 진전으로 부양인구(유년 및 노령인구) 비율이 높아지면서 저축이 떨어져 경상수지 흑자에 걸림돌이 될 수 있다.

급속한 고령화는 이와 같이 사회구조적으로 많은 문제가 발생하게 된다. 고령화사회는 비생산인구층인 남녀인구의 증가를 가져와 이들을 부양하기 위한 부양비용의 증가를 가져올 뿐만 아니라 생산연령인구 자체의 고령화 및 경제활동 인구의 상대적 감소로 인한 고용구조상의 변화를 초래한다. 인구 고령화에 따른 비경제활동인구의 증가는 전근대사회에서는 가족이나 공동체에 의해 지탱되어 왔지만 산업화의 진전은 이들에 대한 부양의 한계를 가져온다. 노인인구 증가는 또한 경제가 침체함에도 불구하고 지속적인 복지지출의 지나친 부담으로 재정파탄을 가져올 수 있다. 고령화국가는 현재 인구의 고령화 및 경제불황 등의 요인으로 고복지·고부담 상황이 초래되어 사회경제적으로 위기상황에 처해 있다. 더욱이 배분할 자원이 감소함에도 불구하고 사회복지에 대한 욕구는 오히려 증대되게 된다. 노령화된 인구층의 과잉은 결과적으로 사회복지비의 과다지출이라는 문제를 발생시킨다. 따라서 노인인구 증가 문제는 사회문제로 발전된다.

인구고령화는 세대 간의 갈등이나 연령집단 간의 갈등을 초래한다. 인구고령화는 곧 부양비의 증가를 의미하는 것으로서 경제활동인구의 부담률이 높아짐으로써 세대 간 갈등을 발생시킨다. 한편 고령화된 연장자 또한 복합적인 문제를 가져오는 대상임은 물론 경제적·사회적 정책에 의해서 차별받게 된다. 고령자는 의존적 존재로서 빈곤과 밀접히 관련되며 생활주기를 통한 자원에 대한 접근이 점점 어려워진다. 고령화는 경제적 비용 상승과 가치있는 자원의 감소라는 요인에 의해서 사회적 갈등을 유발한다. 이와 같이 고령화는 현대사회에서 차별구조현상을 발생시키며 사회적 긴장을 유발시킨다.

인구고령화가 가져 올 경제적 충격은 다음과 같은 이유 때문에 어쩌면 지금의 예측보다도 더 심각할 수도 있다. 우선 노인인구의 증가속도는 현재 추정되는 것보다 더 빠를 수도 있다. 통계청의 장래인구추계가 가정하고 있는 수명 연장의 정도는 현재 진행되고 있는 의료기술발달, 금연이나 운동과 같은 습관변화 등을 충분히 반영하지 못함으로써 앞으로의 사망률 감소를 과소평가할 가능성이 높기 때문이다. 실제로 '90년대 초반의 사망률 감소는 당초 예상에 비해 컸으며, 이와 같은 사망률 감소의 과소추계는 지난 수십 년 동안 미국에서도 관찰되어 왔다.

다음으로는 노년 남성들의 경제활동 참가율이 크게 감소해 인구고령화의 충격을 더욱 심화시킬 가능성이 크다. 우리나라 60세 이상 남성의 경제활동 참가율은 1960년대 중반 40%에서 1997년 55%로 꾸준히 증가되었다가 외환위기 이후 감소세로 반전되어 현재는 50% 수준이다. 앞으로 퇴직연령이 높은 농촌인구가 감소하고 경제성장과 고령연금 확대로 퇴직소득이 증가함에 따라 장기적으로 노인인구의 경제활동 참가율은 크게 낮아질 것으로 전망된다. 노년 남성의 경제활동 참가율이 20세기 후반을 통해 50%에서 20% 미만으로 감소했던 미국 사례를 비롯해 대다수 경제협력개발기구(OECD) 국가들의 역사적 경험은 이와 같은 예상을 뒷받침한다.

고령화사회에 대비하는 것이 매우 중요한 정책적 과제임에는 틀림없지만 문제의 성격상 조급하게 처방을 내리려고 하기보다는 시간을 두고 체계적으로 해법을 모색할 필요가 있다. 우선 인구고령화는 점진적인 과정이다. 고령화사회로의 진입속도가 다른 선진국에 비해 훨씬 빠르다는 점을 인정하더라도 경제위기에 따른 대량실업 사태처럼 즉각적인 대책을 필요로 하는 문제는 아니다. 그리고 고령 노동시장의 유연화, 퇴직연령 상향조정, 연금제도 개편 등 현재 거론되고 있는 고령화대책들은 정책효과가 나타나기까지 오랜 시간이 걸리거나 혹은 한번 시행된 후에는 쉽게 변경되기 어려운 부분이 많다. 그런 만큼 졸속정책의 폐해는 더욱 심각해질 수 있다.

장기적으로 실효성 있는 대책을 마련하기 위해 무엇보다 우선해야 할 것은 체계적인 조사와 연구를 통해 정확한 실태를 파악하는 것이다. 높아진 관심에 비해 고령화문제에 대한 연구는 아직까지 초보적인 단계에 머물러 있는 실정이다(김주원, 2002).

나. 고령화에 따른 문제점

우리나라는 1960년대 이후 급속한 산업화 및 도시화가 진행되면서 출산율의 감소 및 평균 수명이 현저하게 증가하였고 이에 따라 노인인구가 절대적인 수에서뿐만 아니라 상대적인 인구비율에서도 크게 증가하였다.

노인은 새로운 질서에 대한 적응 및 극복이 익숙하지 않을 뿐만 아니라 경제적 능력도 저하되고 신체적, 정신적 기능이 감소됨에 따라 다양한 형태의 문제가 발생한다.

노인문제의 발생 원인으로는 우선 노인인구의 증가를 들 수 있는데, 이와 같은 노인인구의 증가원인은 의료기술의 발달이나 생활수준의 향상으로 인해 평균수명이 연장되었기 때문이다. 두 번째로는 사회적 여건의 변화로서, 산업구조의 근대화에 따른 인구이동과 이에 수반되는 가족제도의 붕괴에 의한 동거부양의 감소 또는 핵가족화로 인한 가족의 세대별 분화가 추진되었고 농촌의 청·장년층이 도시에 집중됨에 따라 젊은 세대가 없는 노인 단독세대가 많이 형성되었기 때문이다.

이와 같은 내용을 중심으로 현재 우리나라에서의 노인문제를 살펴보고자 한다.[2)]

1) 경제적 문제

첫째, 소득의 감소이다. 노인층의 가장 심각한 문제 중의 하나는 경제적 빈곤이다. 노인문제가 제기되는 주된 원인은 결국 경제적 빈곤에 있다고 보아야 할 것이다. 노년층의 빈곤이 타 연령층에 비해서 더욱 심각하다는 것이 오늘날의 세계적 추세이며 빈곤노인은 산업화 과정이 진전됨에 따라 상대적으로 증가하고 있다. 노인에게 있어서 경제적 활동에의 참여는 경제적 욕구의 충족은 물론 심리적 안정 및 신체적 건강을 유지하는 데 영향을 미칠 수 있으므로 노년기에 있어서 경제활동은 중요한 의미를 지니게 된다. 그러나 현대 산업사회의 진전에 따라 경제활동도 과학화·기계화되고 있으며 전문적인 지식과 기술을 필요로 하게 되는 반면, 노인들은 변화하는 환경에 적응할 수 있는 이론적 지식과 능력이 부족한데다 사회에서도 노인의 취업기회 제공에 대하여 충분한 배려를 못하고 있다. 결과적으로 노인은 노동시장에서 점차 소외되고 있으며 이에 따라 소득이 감소하고 있다. 한편, 실질적으로 노후생활을 준비한 노인비율은 전체 노인의 28.3%(2004년)로서 준비수단을 보면

2) 우리나라의 노인문제 현황을 제시하고 있는 본 내용은 "고령사회를 위한 노인복지정책의 방안"(이구원, 2005)을 주로 참고하였다.

공적연금, 저축, 부동산 순이다.

노년기에 소득의 감소를 가져오는 가장 근본적인 원인은 퇴직이지만 퇴직은 피할 수 없는 사회적 제도이며 우리나라 근로자의 대부분은 55세 전후로 퇴직을 하는 경우가 많다. 그러나 IMF 이후 기업의 구조조정 과정에서 30대 혹은 40대의 젊은 사원들이 퇴직당하는 경우도 많았다. 이처럼 강제퇴직 혹은 조기정년제는 은퇴자들이 노후대책을 세우기도 전에 강행되었기 때문에 당사자들은 물론 가족들에게도 커다란 경제적·심리적 타격을 주고 있다. 조기퇴직은 근로수입의 감소 및 사회심리적 문제를 가져올 뿐만 아니라 궁극적으로는 노후생활에 필요한 소득보장에 심각한 문제를 야기하고 있다.[3)]

둘째, 연금제도의 미흡이다. 연금제도는 산업사회에서 필연적으로 제공되어야 할 사회보험이다. 그러나 현재 각종 연금을 받는 65세 이상 노인은 전체노인의 6%도 안 된다. 국민연금은 1988년부터 실시되면서 그 당시 노인들을 포함시키지 않았기 때문에 국민연금은 2008년부터 수령하는데 2010년에는 전체 노인의 10%, 2020년에는 30%, 2030년에는 50% 정도의 노인이 연금혜택을 받을 것으로 예상된다. 국가는 저소득층 노인을 위한 경로연금[4)]을 지급하고 있으며, 2000년 10월부터는 '국민기초생활보장법'을 실시하여 저

3) 한국노인문제연구소에서 노인들이 자신의 생활비를 어떻게 조달하는지를 조사한 결과에 의하면, '자녀에게 전적으로 의존한다(19.9%)', '국가보조나 타인에게 의존한다(18.9%)', '자신이 젊었을 때 준비한 노후자금으로 생활한다(7.5%)'라고 답변하고 있다.

4) 경로연금은 생활보호대상 노인은 월 5만원, 저소득층 노인은 월 2~3만원을 지급하고 있으며, 2008년에 기초노령연금제도가 새롭게 시행되면 경로연금 수혜자 대부분이 이에 편입되도록 되어 있으나 새로운 경로연금 산정방식으로 일부는 제외될 수도 있다.

소득층 수급권자가 부양의무자가 없거나 있어도 부양받지 못하는 경우에는 생계급여, 주거급여, 교육급여, 해산급여, 장제급여, 자활급여, 의료급여 등을 지급하고 있다.

셋째, 핵가족화에 따른 가족 부양기능의 저하이다. 핵가족화와 소가족화 그리고 여성인력의 직장 진출로 가족의 노인 부양기능이 저하되었다. 또한 경로효친 의식의 약화로 노인들의 부양을 자녀들이 책임지던 전통적 생활규범이 점차 줄어들고 있다. 사회부양 차원에서 국가의 노인복지 예산 또한 열악한 상태이다. 노후생활에 필요한 생계비나 의료서비스는 노인 자신이 해결할 수 있도록 준비하지 않으면 안 된다.

최근 우리나라의 독거노인 및 노인 단독가구 역시 급격하게 증가하고 있는데, 한국노인문제연구소의 조사에 따르면 노인이 자녀 및 손자와 함께 사는 경우는 1975년의 78.2%에서 1996년에는 28.8%로 감소하고, 혼자 사는 노인은 7.0%에서 53.1%로 증가하였다. 또한 노인 단독가구의 증가상태를 보면, 1995년은 36.6%, 2000년에는 44.9%, 2004년에는 51.2%를 나타내고 있다(보건복지부, 2006).

독거노인 및 노인 단독가구의 증가와 핵가족화가 확대되면서 노인들이 자녀들과 헤어져 생활해야 하는 경우가 증가하고 있으나 우리나라 노인들은 가족주의적이고 노후를 자녀에게 의존하려는 경향이 핵가족화에 익숙한 서구의 노인들에 비해 상대적으로 강하기 때문에 문제가 더욱 심각하다. 또한 대가족제도를 유지하고 있더라도 그것은 이미 전통적 가족기능을 상실한 상태의 가족이기 때문에 노부모의 부양을 둘러싸고 가족 간에 갈등이 발생하는 경우가 많다.

2) 의료적 문제

첫째, 만성질환 관리이다. 우리나라 65세 이상 노인인구의 87%가 치매, 중풍, 당뇨, 관절염, 고혈압, 심장병 등과 같은 만성질환에 시달리고 있으며 그중 약 3.5% 가량은 거동을 할 수 없는 심신장애 노인이다. 이들은 집안에서나 요양시설에서 자녀나 전문 간병인의 수발을 받아 살아가는 의존성 노인들이다. 노후 만성질환에 대한 대책은 무엇보다도 예방차원에서의 평소 건강관리가 필요하고 노인성 만성질환에 대한 적절한 치료·간호·재활·간병 등의 보건의료대책이 필요하다.

둘째, 의료·간병비용의 조달문제이다. 의료비와 간병비 부담은 노인이 가장 걱정하는 문제의 하나이다. 현재 노인의료비는 전체 의료비의 약 2.4%를 차지하고 있으며, 1990년에는 2,391억원에서 2005년에 6조731억원으로 약 25배 증가하였다. 노인들은 의료보험에 가입되어 있어도 병원진료비나 입원비의 20~50%를 본인이 부담하고 있어 고액의 의료비 부담이 심각한 재정문제가 되고 있다. 간병비는 의료보험에서 지급하지 않고 있어 결과적으로 만성질환으로 고생하는 일부 저소득층 노인들은 수입의 80%까지 약값 또는 병원비로 지출해야 하며 간병은 전혀 받지 못하는 경우도 있다.

셋째, 장기요양 문제이다. 우리나라 노인의 경우 약 8.3%(2004)가 치매나 중풍으로 장기요양이 필요하다. 향후 요양보호대상은 2008년 8만5천명, 2010년 16만7천명, 2015년에 20만명에 이를 것으로 예상된다(보건복지부, 2006).

치매나 중풍과 같은 만성질환을 지니고 24시간 보호가 요구되는 중증 장애노인이 되면 가정에서 필요한 보호를 받거나 노인전문요양시설이나 노인전문병원에 들어가 의료보호를 받을 수밖에 없다. 그러나 현재 노인을 위한 저렴한 가격의 의료시설은 매우 부족하다. 극히 소수의 요양원에서 생활보호노인이나 저소득층 노인을 대상으로 무료 또는 실비요양보호를 제공하고 있을 뿐이다. 앞으로는 노인전문병원이나 유료요양시설이 많이 개설될 것으로 예상되지만 그 이용료 부담은 매우 클 것으로 예상된다. 이에 대비한 개인적인 준비와 함께 의료보험제도의 개선이 필요하며 장기요양보험이나 일본의 개호수발보험 같은 장기적인 준비도 요구된다(고양곤, 2001).

3) 여가적 문제

첫째, 조기퇴직으로 인한 역할상실이다. 직장생활을 통한 생산적인 역할에서 은퇴한 후, 이를 대체할 수 있는 새로운 역할을 찾아야 소외감이나 무력감을 극복할 수 있다. 그러나 대부분의 노인들은 퇴직 후 2차 직장을 새로 찾지 못하고 있으며 있다 하더라도 아파트 경비, 배달서비스 업무 등을 하면서 퇴직 전 직장에서 받던 수입에 비해 매우 적은 임금을 받고 일하고 있는 경우가 많다. 그나마 이러한 직장마저 찾지 못한 노인에 비해 상대적으로 행복한 편이다. 대부분의 노인은 집에서 놀고 있는 경우가 많다. 이들에게는 지역사회에서의 봉사활동 또는 재미있고 의미있는 여가활동을 통해 노후생활의 바람직한 역할을 찾는 것이 중요하다. 노년기는 비록 신체적으로는 허약해지고 있지만 지적, 정서적, 인격적, 영적 성장은 계속될 수 있기 때문이다.

둘째, 여가 및 사회참여 여건의 부족이다. 인간의 평균수명의 연장, 소득수준의 향상 등으로 건강한 노인들의 사회참여 욕구의 증대와 함께 노후를 보다 풍요롭고 안락하게 보낼 수 있는 각종 여가 및 주거시설에 대한 욕구가 크게 증대되고 있으나 이러한 욕구를 충족시킬 수 있는 사회적 여건이 미흡하고 여가 및 주거시설이 부족하다. 대부분의 노인들이 평소 즐기는 여가활동은 주로 텔레비전 시청이나 친구·친족 등의 방문이다. 최근 노인복지회관에서의 취미활동, 게이트볼 등 다양한 노인프로그램에 참여하는 노인들이 증가하고 있으나 아직도 대부분의 노인들은 집에서 소일하는 경우가 많다. 보다 만족스럽고 보람있는 노후생활을 영위하기 위해서는 젊어서부터 다양한 취미와 봉사활동을 습관화하는 노력이 필요하다.

노인의 여가활동을 활성화시키기 위해서는 여가시설의 확충과 프로그램 개발이 필요한데, 현재 전국에 개설되어 있는 40,000여개의 경로당들은 대부분 장소가 협소하고 시설 및 서비스프로그램이 부족하다. 이에 따라 많은 노인들이 화투놀이로 시간을 보내는 경우가 대부분이다. 따라서 각 지역에 있는 사회복지관이나 노인복지관과 연계하여 경로당을 이용하는 노인들에게 실질적인 서비스를 제공하는 것이 필요하다. 한편 기존의 시설도 생활보호대상 노인 등 저소득층 위주로 운영되고 있기 때문에 많은 노인들의 여가활동을 위한 시설의 확충이 요구된다.

4) 사회적 문제

첫째, 노인의 방임 및 학대이다. 현재 한국사회에서 대두되는 노인문제 중 하나는 단순히 소극적인 소외를 떠나서 가족으로부터 학대를 받는 노인이 점차 증가하고 있는 것이다. 2004년에 학대받은 경험이 있는 노인수가 4,333명이었는데 2005년에는 10,126명으로 1년 사이에 2배 이상이 증가하였다. 유형도 정서적, 언어적, 신체적, 경제적 학대와 같이 다양하게 발생하고 있다. 가정 내에서 노인에 대한 학대 가해자 및 유형을 보면 아들(41.0%), 며느리(29.0%), 딸(8.7%), 배우자(8.0%), 기타(13.3%) 순이다. 유형별로는 방임(25.0%), 정서적(21.7%), 언어적(19.5%), 신체적(15.5%), 경제적(11.0%), 기타(7.3%) 순이다(보건복지부, 2006).

이와 같은 현상은 서구의 수평적 문화가 유입되면서 노인을 공경하는 고유의 윤리적 가치관이 점점 희박해져 가는 것으로 파악할 수 있으며 자식 뒷바라지를 위해 모든 것을 희생한 부모에 대한 배신행위가 우리 사회, 가정 내에서 빈번하게 발생하고 있다.

둘째, 노인부양지수 상승과 사회보장 부담의 급증이다. 노인인구의 증가로 인해 사회보장 및 사회안정성이 약화되고 있으며 경제활동 인구의 부담률이 높아짐으로써 세대 간 갈등이 야기되고 있다. 왜냐하면 부양인구(비생산활동인구)의 비율이 높으면 사회가 부양해야 할 부양비가 그만큼 커지기 때문이다.

셋째, 노동력 저하 및 생산성의 약화이다. 노인인구의 증가로 노동력이 저하되고 생산인구가 감소하고 있다. 이는 특히 농촌지역에서 크게 일어나는 현상으로서 젊은 사람이 없고 노인들만 있어 농사업무를 수행하는 데 어려움이 있으며, 사고발생 시 긴급한 대처가 힘들다. 또한 젊은 사람의 부족으로 장례 등 애경사 처리에 어려움이 있으며 이장 등 동네지도자의 고령화로 신속한 행정전달이 잘 이루어지지 못하고 있다.

넷째, 고학력 노인인구 증가 및 사회참여 욕구 증가이다. 최근 의학의 발달로 평균수명이 연장되고 경제적으로 윤택하여 노인들의 건강도 과거에 비하여 매우 좋은 편이다. 또한 고학력 출신의 노인들이 증가하면서 지역 내에서 사회단체에 참여하여 행정기관에 자신들의 의견을 주장하여 자기욕구를 실현하고자 하는 경향이 늘고 있으며 자원봉사자 참여 등을 통해 지역사회에 봉사하고자 하는 노인들이 증가하고 있다. 이 과정에서 노인지원부서 담당공무원들이 어려움을 겪고 있는 경향이 있는데 이는 일부 노인들이 지나치게 어른으로서의 대우만을 받기를 고집하고 있고 행정적인 문제로 주장이 관철되지 않을 경우 자치단체장을 직접 찾아가 의견을 관철시키는 경향이 있기 때문이다.

제2절 노인복지서비스의 개념과 유형

1. 노인복지서비스의 개념

우리나라의 고령화의 빠른 진행은 그로 인해 파생되는 여러 가지 사회·경제적 문제에 대한 장·단기적 정책목표의 설정과 그의 실행에 필요한 프로그램의 개발을 필요로 한다. 노인복지는 보다 넓은 개념으로서의 사회복지[5)]의 하위개념으로 주로 사회적 약자로 간주되는 노인들의 안정적인 경제생활을 보장함은 물론 그들의 건강과 행복한 노후를 위한 다양한 프로그램을 개발하는 것을 의미한다.

우리나라의 노인복지정책은 주로 네 가지 분야에 걸쳐 이루어지고 있다. 첫째는 노인들에게 최소한의 생계보장과 안정적인 경제생활을 제공하는 소득보장이다. 둘째는 노인들에게 편안하고 안정

5) 사회복지에는 노인들의 복지뿐만 아니라 여성과 아동을 위한 복지 그리고 장애인들의 복지도 포함하는 보다 넓은 범위를 일컫는다(김기태, 2003).

적인 주거공간을 제공하는 주거보장이다. 셋째는 노인들의 건강과 관련하여 질병에 대한 치료는 물론 요양까지 포함하는 의료혜택을 제공하는 의료보장이다. 그리고 마지막으로 노인들의 심리적 안정과 건강한 여가생활을 위한 사회서비스 보장이다. 이 중에서 현재 소득보장과 의료보장 분야는 어느 정도 정책방향과 실행 프로그램들이 시도되고 있지만 상대적으로 주거보장과 사회서비스 보장에 대해서는 아직 체계적인 대책 마련이 미흡한 실정이다.

노인복지서비스는 사회복지서비스의 하위 개념으로 노인들에게 실질적으로 필요한 소득・의료・보건 서비스 그리고 여가생활에 필요한 서비스를 제공하는 것을 말한다. 그럼에도 불구하고 최창무・고수현(2002, 7)이 지적한 바와 같이, 노인복지서비스를 서비스적인 측면에 초점을 둘 경우 목적과 수단이 전도될 가능성이 있다.[6] 따라서 노인복지서비스의 개념을 논의할 때 노인복지라는 목적과 서비스라는 수단을 함께 포함해서 이해할 필요가 있다. 즉, 최창무・고수현이 정의한 것처럼 노인복지서비스는 노인들의 사회・경제적 욕구에 대응하기 위한 사회복지적 체계라고 이해할 수 있다. 따라서 노인복지서비스는 노인복지가 목표로 하고 있는 여러 문제영역뿐만 아니라 실천영역의 전달체계까지 포함할 필요가 있다.

2. 노인복지서비스의 유형

노인복지서비스의 유형은 앞에서 지적한 바와 같이 노인복지

6) 김순양(1997)은 노인복지서비스를 설명함에 있어 노인복지와는 별개로 서비스의 전달체계에 좀 더 초점을 두고 있다.

의 주요 내용과 이를 직접 노인들에게 전달하는 서비스 행태에 초점을 두고 구분할 필요가 있다. 실제로 우리나라 지방자치단체의 노인복지관련 부서에서 담당하고 있는 서비스 영역과 많은 학자들이 제시하는 노인복지서비스 영역을 기초로 할 때 크게 두 가지로 구분할 수 있다. 즉, 제도적 노인복지서비스와 사회적 노인복지서비스 그리고 후자는 다시 시설노인복지서비스와 재가노인복지서비스로 구분될 수 있다([표 2-3] 참조).[7)]

우선 제도적 노인복지서비스는 노인들의 기본적인 생활안정에 필요한 주거, 소득, 의료와 관련된 것이다. 이 중에서도 특히 노인들이 실생활에서 필요로 하는 노후의 경제적 자립 내지 경제적 안정을 돕는 복지서비스가 주요 관심대상이다. 예를 들면 노인일자리 찾아주기 사업, 경로연금 지급[8)] 그리고 노인복지기금 조성 및 운영과 같은 서비스가 여기에 포함될 수 있다. 뿐만 아니라 경로사상의 고취, 노인학대 예방과 같은 일들도 넓게 보면 노인들에 대한 제도적 보호서비스라고 할 수 있다.

다음으로 사회적 노인복지서비스는 노인들이 편안하게 기거하고 의료혜택을 받고 여가생활을 할 수 있는 여러 가지 편의시설을

---

7) 노인복지서비스의 유형을 구분하는 방법은 학자들에 따라 다르다. 본 연구에서는 노인들의 주거, 의료, 보건, 소득 등과 같은 장기적이며 제도적인 복지서비스와 여가, 취미, 급식, 가사지원 등과 같은 단기적이며 노인들에게 직접적으로 서비스를 제공하는 사회적 서비스로 크게 구분하고, 사회적 서비스는 다시 서비스를 전달하는 장소를 기준으로 재가와 시설로 구분하였다. 물론 재가노인복지서비스도 가정봉사원 파견시설과 같은 준시설을 이용하기는 하지만 양로원과 요양시설 같은 시설에서 제공하는 서비스와는 차이가 있다. 노인복지서비스의 유형이나 영역에 대해서는 최창무・고수현(2002), 박석돈(2003), 신대순(1998)을 참조하였다.

8) 기존의 경로연금은 2008년부터 기초노령연금으로 전환된다. 즉 기존의 경로연금은 폐지되고 이들에게 기초노령연금을 지급한다.

통한 복지서비스들을 의미한다. 구체적으로 여기에는 시설을 통한 노인복지서비스와 노인이 거주하고 있는 가정을 직접 방문하거나 준시설을 이용한 재가노인복지서비스로 구분된다. 먼저, 시설노인복지서비스는 노인주거복지시설, 노인의료복지시설, 노인여가복지시설 등으로 구분할 수 있는데 노인주거복지시설로는 양로원과 노인복지주택 등이 있다. 이들 시설들은 실비로 제공하는 것도 있고 유료로 운영되는 곳도 있는데 기본적으로 노인들의 의식주 전반에 걸친 편의시설을 제공하는 시설을 말한다. 노인의료복지시설로는 노인요양시설과 노인전문병원 같은 것이 있다. 이들 시설에서는 주로 만성질환으로 고생하는 노인들을 위한 의료서비스를 제공하고 있다. 물론 여기에도 비용에 따라 서비스의 내용과 질이 다를 수 있다. 다음으로는 노인들의 여가생활에 필요한 서비스를 제공하는 노인복지관과 경로당같은 시설이 있다. 이곳에서 노인들은 자유롭고 건강한 여가활동을 즐기고 상호간에 친목을 도모할 수 있다. 더욱이 이러한 시설에서는 노인학교를 통한 노인들의 교육욕구를 충족시켜줄 수 있는 효과도 가져올 수 있다(박석돈 2003, 22-23).

다음으로 재가노인복지서비스는 최근에 여러 학자들에 의해 활발히 연구되고 있는 서비스 분야이다. 핵가족화의 보편화 현상과 장애를 가진 노인이나 독거노인 가구가 늘어나고 가정에서의 노인부양기능이 약화되면서 재가노인들에 대한 복지서비스 특히 의료서비스를 지역사회 차원에서 제공할 필요성이 증가하게 된다(고수현, 2002, 5).[9] 여기에는 크게 직접 재가노인을 방문하여 이들의 가

9) 고수현(2002, 4)은 재가노인복지서비스는 '재가노인을 집이나 지역사회 차원에서 보호하고 서비스하는 것'이라고 개념 정의하며 이것은 시설복지서비스와는 상대적인 개념이라고 주장한다. 그는 재가노인복지서비스는 '가족이나 지역사회주민, 그리고 전문적 서비스인력에 의해서 재가 혹은 재지역사회 중심의 서

[표 2-3] 노인복지서비스의 유형과 내용

제도적 노인복지서비스	사회적 노인복지서비스	
	시설노인복지서비스	재가노인복지서비스
· 노인일자리 사업 · 경로연금 지급 · 경로우대 사업 · 노인학대 예방 . . .	· 양로원 · 노인복지주택 · 노인요양시설 · 노인전문병원 · 노인복지관 · 경로당 .	· 가정봉사원 파견사업 · 주간보호사업 · 단기보호사업 . . . .

사 지원이나 개인활동 서비스 등을 통해 노인들의 편안한 노후생활을 돕는 가정봉사원 파견사업과 중간시설보호를 통해 낮 시간을 이용하거나 단기간의 일시적 도움을 주는 주간보호사업 및 단기보호사업 등이 있다.

제3절 우리나라 노인복지서비스의 내용과 전달체계

1. 현행 법체계상의 노인복지서비스의 내용

현재 우리나라에서 시행되고 있는 노인복지서비스의 내용은 크게 네 가지의 노인복지관련법에서 규정되고 있다.[10] 우선 우리나라에서 노인복지와 관련된 최초의 법체계는 1970년 1월에 제정된 '사회복지사업법'이다. 이 법은 아동복지, 장애인복지, 여성복지를

비스를 전개하는 것'이라고 주장한다.

10) 노인복지서비스 관련법의 구체적인 내용들은 김정순 · 이조영(2004)의 보고서에서 많은 부분을 참고하였음을 밝혀둔다.

포함한 전체 사회복지서비스에 관한 일반법으로서 노인복지서비스에 관한 기본적인 가이드라인을 제시하고 있다. 이후 노인복지와 직접적으로 관련된 법들이 만들어질 때 기본적으로 '사회복지사업법'의 기본 취지에 부합하는 차원에서 법 제·개정이 이루어지고 있다. 1981년에 '노인복지법'이 제정되어 증가하는 노인인구에 대한 노인복지서비스 제공을 위한 법적인 토대를 마련하였다. 이후 여러 차례의 개정을 통해 노인복지서비스의 내용을 확대하고 보다 명확한 법적 근거를 마련하였다. 1999년에는 저소득층을 위한 공공부조의 성격이 강했던 기존의 '생활보호법'을 대체하여 '국민기초생활보장법'이 제정되었고 2000년 10월에 처음으로 시행되었다. 이 법은 종전의 저소득층에게 최저생활을 보장하는 수준에 머물던 것을 그들의 기초생활에 실질적으로 도움을 주어 스스로의 자활의지와 능력을 키워줄 수 있는 복지서비스를 제공할 목적으로 만들어졌다. 이 밖에 노인들의 의료 및 보건에 관한 복지서비스는 '의료법'에 의해 규정되고 있는데 특별히 노인복지에 관한 별도의 규정을 제정하지 않아서 노인복지서비스와 관련한 구체적인 법적 토대는 되지 않고 있다.

가. 사회복지사업법상의 노인복지서비스

사회복지사업법은 사회복지와 관련된 서비스의 내용과 범위, 서비스를 전달하는 공급자의 조건과 자격, 그리고 사회복지시설의 기준과 운영방식 등에 관해 기준을 제시해 주는 기본법적 성격을 가진 법이다. 노인복지서비스와 관련해서는 주로 노인복지서비스를 현장에서 실질적으로 담당하는 사회복지사들의 자격과 이들에 대한 법적 보호에 관한 규정이 있다.

그 내용을 보면, 사회복지시설이나 법인에서 사회복지를 담당하기 위해서는 국가시험을 통해 자격증을 획득하여야 하며(사회복지사업법 제11조) 이들 사회복지사들은 지역 내의 사회복지를 필요로 하는 사람들의 생활실태나 가정환경을 파악하고 그들에게 상담과 지도를 해주도록 한다(동법 제14조). 한편 관련 행정기관은 이들 사회복지사들의 업무진행에 협조하며 중앙정부는 보수 등에 소요되는 비용을 전부 또는 일부를 보조하도록 한다(동법 제14조 제4항과 5항).

1993년 사회복지사업법이 개정될 때, 재가복지서비스가 사회복지사업법상 필요한 하나의 사회복지서비스로 규정되었다. 우선 재가노인복지서비스의 범위는 가정봉사서비스와 주간·단기보호시설에서 교육 및 상담 그리고 급식 등의 서비스를 받는 주간·단기보호서비스로 규정하고 있다. 그리고 보호대상자들을 돌보는 사람에게는 중앙정부 및 지방자치단체로부터 금전적인 지원을 받도록 하고 있으며(동법 제41조의 3), 전문적으로 노인재가서비스를 담당할 가정봉사원 양성에 관한 규정이 명시되어 있다(동법 제41조의 4).

나. 노인복지법상의 노인복지서비스

노인복지법은 우리나라에서는 처음으로 노인과 관련한 법률로 제정되었다(한창영, 1995). 이 법에는 노인들의 건강과 생활보호 및 사회적 활동까지를 포함한 노인복지서비스의 주요 내용과 서비스를 제공하는 주체들의 역할 등에 관한 규정이 있다. 우선, 제도적 노인복지서비스의 하나로 노인들의 소득보장과 관련있는 경로연금 지급과 관련한 법률이다. 저소득 노인들의 생활안정을 보장하기 위하여 65세 이상의 노인 중에 생활보호대상자로 등록되어 있거나 소득이 일정 수준에 미달하는 경우 중앙정부 또는 지방자치단체가 경로연금을 지급한다. 단, 다른 연금법에 의해 지원받고 있는 경우는 제외한다(노인복지법 제9조 제1항 제2호와 제15조 그리고 제9조 2항).

노인에게 일자리를 제공하는 사업은 노인의 노동력을 활용함으로써 노인들에게 사회적 역할을 보장하는 방법이 될 수 있다. 노인복지법은 노인들의 소득보장은 물론 그들의 사회적 역할을 찾아주는 서비스의 내용을 담고 있다. 이 법에 따르면 노인들에게 일자리를 제공하여 지역사회에 봉사할 수 있는 기회를 주기 위하여 취업알선과 노인들에게 적당한 일자리를 창출하고 노인들이 일을 하기를 원할 때는 우선적으로 해결해 주어야 하는 법적인 조항이 있다. 더욱이 노인들에게 지하철이나 공공시설을 무료로 이용할 수 있도록 하며 관련 사업을 운영하는 사람이나 단체에게는 지원을 할 수 있도록 법적인 근거를 마련하였다(동법 제23조, 24조, 25조, 26조).

노인들의 건강과 관련하여 노인복지담당자는 보호가 필요한 노인에게 상담 및 지도를 할 수 있으며(동법 제28조 제1항 제1호), 재가노인복지시설에의 입소를 도우며(동법 제28조 제1항 제2호), 거동이 불편하거나 정신적으로 결함이 있는 경우에는 노인의료복지시설로의 위탁 및 입소시킬 수 있다(동법 제28조 제1항 제3호). 이 밖에 독거노인 또는 시설입소 노인들의 보호자가 없는 경우에 장례를 중앙정부나 지방자치단체가 대신 해 주거나 시설의 장에게 위임하도록 하며(동법 제28조 3항), 중앙정부나 지방자치단체는 치매관리사업과 노인재활요양사업 등 노인복지사업을 실시할 수 있다(동법 제29조 제1항).

노인복지법에는 노인복지시설에 관한 종류를 다음과 같이 구별해 놓고 있다. 먼저, 노인복지시설에는 크게 노인주거복지시설, 노인의료복지시설, 노인여가복지시설, 노인재가복지시설이 있다. 그리고 세부적으로 보면, 노인주거복지시설에는 양로시설, 실비양로시설, 유료양로시설, 실비노인복지주택, 유료노인복지주택이 있고, 노인의료복지시설에는 노인요양시설, 실비노인요양시설, 유료노인요양시설, 노인전문요양시설, 유료노인전문요양시설, 노인전문병원 등이 있다. 노인여가복지시설에는 노인복지회관, 경로당, 노인교실, 노인휴양소가 있으며, 노인재가복지시설에는 가정봉사원파견시설, 주간보호시설, 단기보호시설이 포함된다(동법 제31조, 32조, 34조, 36조, 38조).

이 밖에 노인복지법에는 재가노인복지서비스의 하나인 가정봉사원 파견사업과 관련하여 가정봉사원 파견시설에 종사하는 가정봉사원들은 교육기관에서 교육을 받도록 규정하고 있으며(동법 제39조의 2), 학대받는 노인들을 보호할 목적으로 중앙정부와 지방자치단체의 관리하에 노인보호전문기관을 설치하여 필요한 업무를 수행할 수 있도록 하였다(동법 제39조의 5).

다. 국민기초생활보장법상의 노인복지서비스

국민기초생활보장법은 생활이 어려운 자들의 최저생활을 보장하기 위하여 이들에게 필요한 급여를 지급하는 서비스(국민기초생활보장법 제1조)로서 그 종류에는 생계, 주거, 의료, 교육, 해산, 장제, 자활급여 등이 있다(동법 제7조 제1항). 이 중에서 노인복지서비스와 관련이 있는 것은 생계, 의료, 자활급여 등이다. 이러한 급여를 받기 위해서는 수급자 본인과 그 친족 및 기타 관계인이 기초자치단체장에게 신청을 해야 하며 각 지방자치단체의 사회복지전담공무원이 직권으로 신청할 수 있도록 함으로써 신청방법을 몰라 급여수혜서비스를 받지 못하는 사례를 방지하도록 하였다(동법 제21조).

라. 의료법상의 노인복지서비스

의료법상의 노인복지서비스에 관한 법률적 근거는 명확하게 나타나지 않고 있다. 단지, 노인전문요양기관과 같은 의료기관의 설치와 관련해서는 의료법에 의해 영향을 받는다. 현재 장기적으로 요양을 필요로 하는 노인의 경우에 노인전문요양원을 통해 서비스를 받을 수 있다. 이곳에서는 노인들의 의료를 담당하기 때문에 의료기관을 개설할 수 있는 사람은 의사나 한의사만이 가능하다(의료법 제30조 제 2 항). 그리고 치매로 고생하는 노인들에게 필요한 원격치매진료서비스의 운영과 관련된 내용은 의료법에 의해 규정되고 있다(동법 제30조의 2 제 1 항).

2. 노인복지서비스 전달체계

노인복지서비스를 수요자인 노인들에게 효율적으로 전달하기 위해서는 서비스를 제공하는 공급자의 역할이 중요하다. 고령화사회로 진입하고 있는 우리나라 사회에서 노인들이 요구하는 서비스의 내용이 다양화되고 있으며 그 대상도 기존의 저소득층 중심에서 보다 일반 노인들까지 포함하는 등 노인복지서비스를 필요로 하는 수요자의 범위가 넓어지고 있다. 증가하고 있는 노인인구와 이에 따른 사회・경제적 문제에 직면하여 보다 효율적인 서비스를 전달하기 위해서는 서비스의 내용뿐만 아니라 서비스를 전달하는 공급자 및 그들 간의 관계에도 변화가 있어야 한다. 기존의 공급자 중심의 노인복지서비스에서 수요자 중심의 노인복지서비스로의 전환이 요구되는 상황에서 서비스를 전달하는 체계 또한 시대의 흐름에 따라 적절히 대응할 필요가 있다.

노인복지서비스 전달체계는 서비스의 내용이 만들어지고 그것이 수요자에게 전달되는 과정 모두를 포함한 개념이다. 여기에는 중앙정부, 지방자치단체, 그리고 민간단체 및 지역주민이 포함된다.[11] 노인 수요자가 원하는 복지서비스가 이루어지기 위해서는 중앙정부와 각 지방자치단체가 노인복지서비스와 관련된 정책의 입안이나 집행과정에 있어서 상호 협조관계를 유지할 필요가 있으며, 각 지역에서 실질적으로 서비스를 시행하는 과정에서는 지방자치단체와 민간단체 그리고 지역주민 간의 협조관계를 유지하는 것이 필요하다. 즉, 지방자치단체는 중앙정부와 지역의 민간단체나 주민 사이에서 중재자 역할을 할 필요가 있다. 노인복지서비스가 효율적으로 전달되기 위해서는 하나의 전달주체에게만 의존해서는 힘들다. 여러 주체들 간의 관계가 어떻게 유기적으로 형성되어 있느냐가 서비스의 효율적인 전달에 있어서 중요한 관건이 된다(김순양, 2006, 164-166).

본 절에서는 고령화사회에 있어 노인복지서비스를 효율적으로 전달하기 위한 지방자치단체의 역할을 다른 전달주체와의 관계 속에서 찾아보았다. 이를 위해 노인복지서비스가 수요자에게 전달되

---

11) 김순양(1997, 195)은 전달체계를 행정체계와는 약간 다른 개념으로 사용한다. 그에 따르면 행정체계는 정부기관만 포함하며 전달체계는 정부와 민간부문까지 포함할 때 사용한다.

는 과정에서의 각 전달주체들의 역할과 상호관계가 어떻게 이루어지고 있는가를 살펴보고자 한다.

가. 중앙정부

중앙정부에서 노인복지업무는 보건복지부 저출산고령사회정책본부 산하의 노인정책관실에서 담당하고 있다. 여기에는 다시 노인정책팀, 노인지원팀, 노인요양제도팀, 노인요양운영팀 등의 네 개 팀으로 구성되어 있으며, 각 팀에서 하는 업무내용은 아래의 [표 2-4]와 같다.

현재의 노인복지서비스와 관련한 정책형성은 주로 중앙정부 특히 보건복지부 내의 노인정책관실에서 다루어지고 있다. 이곳에서 노인복지서비스의 기본계획을 수립하고 사업별 지침을 작성하여 예산과 함께 지방자치단체에 시달되면 지방자치단체에서는 이를 시행한다. 이 과정을 구체적으로 살펴보면, 보건복지부—광역자치단체—기초자치단체—읍면동—서비스제공기관 등의 전달과정을 거쳐 수요자에게 서비스가 전달되는 수직적 행정체계로 운영되고 있다. 즉, 노인복지관련 중요한 정책은 중앙정부에서 결정하고 집행은 지방자치단체에서 수행하는 행정체제로 이루어져 있다. 예를 들어, 최근에 저소득층 노인에게 가사지원서비스를 제공하여 노후생활의 안정을 도모하기 위해 실시되고 있는 '노인돌보미바우처사업'의 경우, 서비스의 대상자 선정과 시행은 지방자치단체에게 위임하였지만 사업의 계획과 정책결정은 중앙정부에 의해 주도적으로 이루어지고 있다.

중앙정부에서 사회투자형 서비스 개발계획 중의 하나로 복지, 보건, 고용, 교육, 주거 등 주민생활지원서비스의 통합운영을 위한

[표 2-4] 보건복지부의 노인복지서비스 관련 조직 및 업무내용

노인복지 서비스 관련 조직	업 무 내 용
노인정책팀	· 노인복지에 관한 종합계획의 수립 및 조정 · 노인복지제도 조사, 연구, 정책개발 · 노인복지관련 법령에 관한 사항 · 경로효친사상 앙양 및 경로우대제에 관한 사항 · 노인관련 법인, 단체의 지원 및 육성 · 노인복지관련 국제협력 업무 · 노인건강운동의 지원 및 노인의 정보격차 해소에 관한 사항
노인지원팀	· 노인일자리 및 사회활동의 지원 · 결연, 급식 등 재가노인 보건복지사업 · 노인관련 여가시설의 운영지원 · 농어촌 복합노인복지시설의 조성에 관한 사항 · 노인주간 및 노인의 날 행사 지원 · 노인학대 예방에 관한 사항 · 매장, 화장, 묘지 등 장사에 관한 사항
노인요양 제도팀	· 노인요양보장에 관한 종합계획의 수립, 조정 및 평가 · 노인보건예방사업 등 노인보건사업종합계획 수립 · 노인요양보장관련 법령에 관한 사항 · 노인요양보장관련 시범사업의 시행 및 평가 · 노인요양보장제도의 재정운영 및 재정추계에 관한 사항 · 가입자 관리와 같은 노인요양보장제도 기반에 관한 사항 · 노인요양보장제도에 관한 조사 및 연구 · 치매 및 중풍 등 중증 질환 노인에 대한 지원대책의 수립
노인요양 운영팀	· 노인요양보장 관련 시설확충 종합계획의 수립에 관한 사항 · 노인요양보장관련 전문인력의 양성 · 노인요양대상 선정을 위한 판정기준의 개발에 관한 사항 · 노인요양서비스 제공계획 등 관리체계에 관한 사항 · 노인요양급여 및 수가 등의 체계 개발에 관한 사항 · 노인요양서비스의 질 평가에 관한 사항 · 노인양로시설, 노인의료복지시설 및 재가노인복지시설의 지원 및 육성에 관한 사항

자료: 보건복지부 웹페이지<http://www.mohw.kr>.

전달체계의 개편을 추진하면서 지방자치단체가 지역특성과 주민수요에 맞는 사회서비스를 기획하고 중앙정부가 지원 및 평가하는 새로운 형태의 서비스전달체계를 구축하려고 추진 중에 있지만 아직 노인복지서비스에 있어서 지방자치단체에 의한 특성화된 서비스의 기획은 이루어지고 있지 않다.

나. 지방자치단체

광역자치단체의 경우, 노인복지서비스는 주로 사회복지과 또는 노인복지과에서 담당하며, 중앙정부에서 결정된 서비스사업을 총괄하고 있으며 기초자치단체에 예산배정을 하거나 기초자치단체의 서비스사업을 관리·감독하는 역할을 한다. 기초자치단체의 경우에는 주민생활지원과, 사회복지과, 가정복지과 등의 하위 조직으로 노인복지팀이 있어 노인복지와 관련한 업무를 주로 수행하고 있다. 노인복지팀에서는 가정봉사원 파견사업과 노인돌보미 바우처사업 등을 시행하고, 서비스 제공기관 및 서비스 대상자를 선정하며 서비스 제공기관에 대한 관리·감독 기능을 수행한다.

지방자치의 발달과 함께 중앙정부의 업무가 지방자치단체로 많이 이양되고 있는데, 노인복지서비스와 관련하여 지방자치단체에 이양된 사무는 다음과 같다. 즉, 경로당 운영, 경로식당 무료급식, 노인건강 진단, 치매상담센터 운영, 지역사회 시니어클럽 운영, 재가노인복지시설 운영, 저소득재가노인 식사배달, 노인복지관 운영, 노인일자리사업, 경로당 활성화, 재가노인복지시설 개보수, 노인시설 운영, 노인복지회관 신축 등으로 과거에 비해 지방자치단체의 노인복지서비스 업무가 확대되고 권한도 강화되었다. 그러나 이러한 노인복지서비스를 수행하기 위한 충분한 예산과 인력이 부족하여 많은 어려움을 겪고 있다. 중앙정부에 의해 많은 노인복지서비스 업무의 관리·감독 기능이 지방자치단체로 이양되고 있지만 이를 실행할 만큼의 재정상황이 뒷받침되지 못하고 있기 때문에 지방자치단체가 자체적으로 지역특성에 맞고 지역주민이 원하는 서비스를 개발하고 시행하기가 쉽지 않다.

현재 지방자치단체는 노인복지서비스를 위탁하여 시행하거나 시설을 운영하는 민간단체에 대한 관리·감독기능을 수행하고 있다. 그리고 노인복지관 등의 시설 및 재가서비스를 시행하는 기관에 경상비에 필요한 일정액의 경비보조를 한다. 지방자치단체는 이밖에 많은 노인복지서비스를 제공하는 기관들과도 원활한 업무수행을 위하여 긴밀한 관계를 유지하고 있다. 그러나 지역내의 다양한 노인복지서비스를 제공하는 기관의 인적·물적 자원에 대한 효율적인 관리체계를 갖추고 있지 못하다. 최근에 기초자치단체 수준에서 해당 지역의 사회복지단체들과 자치단체 간의 긴밀한 협조체계를 갖추기 위해 '지역사회복지협의체'를 구성하여 운영하고 있으나 아직은 그 성과가 미미한 형편이다.

'지역사회복지협의체'는 지역주민에게 적합한 서비스를 효율적으로 제공하기 위한 사회복지전달체계이다. 이것은 민, 관 모두 사회복지정책과 서비스의 주체가 지역주민임을 인식하고 주민의 참여를 보장하는 제도적 장치라 할 수 있다. 시민, 민간복지기관, 기초자치단체가 중심이 되어 협의체를 구성하여 지역복지방향이나 필요한 정책을 마련하기 위한 협조체제를 구축한 후에 실질적으로 서비스를 제공하기 위한 실무협의체를 별도로 구성한다. 그러나 지역사회복지협의체의 구체적 활동을 보면 아직은 노인복지서비스와 관련하여 뚜렷한 성과가 나타나고 있지 않다. 예를 들어 어느 한 기초자치단체 지역사회복지협의체의 2007년도 사업계획을 보면, 자원봉사자교육, 사회복지학교 운영, 수지침교실, 외국인주부교실, 푸드뱅크사업, 독거노인과 소년소녀가장들을 위한 목욕봉사 서비스가 포함되고 있는데 노인복지와 관련한 구체적인 서비스는 아직 활발히 이루어지고 있지 않음을 알 수 있다.

다. 복지법인, 민간단체, 지역주민

노인 수요자에게 실질적으로 복지서비스를 제공하는 일선 기관의 조직이나 서비스 내용은 노인들에 대한 노인복지서비스의 양적 · 질적 평가의 중요한 자료가 된다. 정부로부터의 재정적 지원을 받아 운영하는 노인복지관이나 가정봉사원 파견시설 등과 같은 복지법인 및 민간단체에서는 사회복지사같은 전문인력을 모집하고 교육시켜 현장에 배치하여 노인들에게 서비스를 제공하고 있으며 이들의 서비스를 점검하는 역할을 수행한다.[12] 또한 일반 노인들에게 풍물, 외국어, 컴퓨터, 댄스, 체조 등과 같은 교육프로그램을 제공하여 노인들의 여가활동 서비스기능을 수행한다. 노인복지관에서 배운 기술이나 교육을 바탕으로 건강한 노인이 다른 노인뿐만 아니라 몸이 불편한 노인들을 보살펴 주는 역할도 수행한다.

개인이 복지관이나 양로원 및 기타 다른 시설에서 직접적으로 노인복지서비스에 참여하는 것은 사회봉사 차원에서 부분적으로 이루어지고 있다. 실제로 노인복지관 같은 시설에서 노인복지서비

12) 노인복지서비스와 관련된 민간단체 중에 한국재가노인복지협회의 주요 사업 내용을 보면, 유관단체와의 정보교환, 시설 직원들에 대한 교육, 연구 · 조사 활동, 그리고 여러 수입사업 등을 하고 있다. 이 단체의 웹사이트를 참조하였다. < http://www.kacold.or.kr >.

스를 제공할 때 자원봉사자의 협조가 잘 이루어지고 있지 않다. 국가적인 차원에서 개인에게 노인돌보미 자원봉사에 참여하는 동기부여를 하기가 어렵고 문화적인 차원에서도 서구사회와 같이 개인의 사회봉사 활동에 대한 열의와 시민으로서의 의무감 등이 미약한 상황에서 개별적인 참여를 지속적으로 유도하기에는 한계가 있다. 다만, 사회봉사활동을 전문적으로 담당하는 민간단체를 통한 참여는 현재 법률적으로 보장되어 있다. 지방자치단체는 사회단체로부터 신청을 받아 이들 단체들이 재가노인복지서비스 등에 참여하고 대신 이들에게 보조금을 지급하고 있으나 그 활동의 폭은 넓지 않다(신대순, 2004, 20).

제 4 절 외국의 노인복지서비스 사례 분석

미국, 유럽, 일본과 같은 여러 선진 외국에서는 일찍부터 노인인구의 증가에 따른 사회・경제적 문제와 이에 대한 대책으로 노인복지와 노인복지서비스에 대한 관심과 다양한 정책이 시행되어 왔다. 본 절에서는 각 국가에서 실시하고 있는 다양한 노인복지서비스에 대한 사례연구를 통해 한국의 노인복지서비스의 문제점과 방향을 찾아보고자 한다. 사례연구는 노인인구에게 주어지는 각종 제도적 복지혜택과 구체적인 사회복지서비스 그리고 서비스주체에 관한 내용이다.

1. 미 국

미국의 노인복지제도로는 국민연금, 의료보험, 저소득층 의료지원, 저소득층에 대한 지원 등이 있다. 즉, 경제적으로나 육체적으로 노후에 있어서도 안정된 생활을 할 수 있는 제도가 마련되어 있다. 예를 들어, 젊었을 때 자신이 직장생활을 하면서 비축한 국민연금은 노후의 경제적 안정을 보장하기에 충분하다. 더욱이 은퇴 후에는 개인의료보험이 있거나 아니면 저소득층에게 제공하는 메디케이드(medicaid)와 같은 의료지원 혜택으로 노후의 질병예방이나 치료에 있어서도 보호를 받고 있다. 그럼에도 불구하고 많은 학자들은 노인들이 지속적으로 양질의 의료혜택을 받기 위해서는 노인건강에 대한 정부의 관심과 여러 가지 문제점들에 대한 개선 노력 등이 필요하다고 주장하고 있다(Andrulis, 2000).

최근 미국에서의 노인복지서비스는 양로원이나 노인요양시설을 통한 시설노인복지서비스 제공보다는 재가노인에 대한 의료서비스와 지역사회의 협조를 통한 사회적 복지서비스를 강화하는 방향으로 복지정책이 변화하고 있다. 시설투자 비용에 대한 부담과 이에 대한 관리체계에 대한 어려움 그리고 각종 연금과 보험의 혜택으로 노인의 경제적 안정이 보장되면서 편안하게 자신의 집에서 여러 가지 다양한 복지서비스를 받을 수 있도록 정책을 유도하고 있다.

이러한 정책상의 변화에 대한 구체적인 사례연구를 살펴보면 다음과 같다. 우리나라도 노인인구 증가에 따른 사회·경제적 문제가 지역에 따라 다르고 특히 농촌 지역에서 그 문제의 심각성이 더한 것이 사실이다. 한경혜(2002)는 한국의 농촌노인문제에 대한 대책의 일환으로 미국의 농촌지역에서 시행되고 있는 지역사회보호(home and community based care) 프로그램의 내용을 소개하고 있다.[13] 먼저, 미국의 노인복지서비스정책이 시설보호서비스 중심에서 재가 또는 지역사회보호서비스 중심으로 변화하게 되는 배경에는 경제적 이유와 수요자의 욕구 때문인 것으로 나타나고 있다. 일단 장기간의 시설보호서비스를 받기 위해서는 많은 비용이 들어가기 때문에 수요자들(노인 본인뿐만 아니라 가족들)에게는 부담이 클 수밖에 없다. 그리고 많은 노인들이 시설에서 서비스를 받기보다는 자신의 집이나 지역사회 내에서 독립적인 자신의 생활을 영위하기를 바라고 있다.

'한경혜'가 소개하는 미국 농촌지역에서 실시하고 있는 다양한 노인복지서비스 프로그램에는 가사지원서비스, 식사배달, 주간탁노소, 단기보호소, 주택개선 지원 등이 있다. 특히, 이러한 노인복지서비스 프로그램은 지방정부 주도하에 실시되고 있으며 각 지역에 지역노인기관(area agencies on aging)이 있어 그 지역에 맞는 프로그램을 개발한다. 구체적으로 중앙과 지방정부가 재정적으로 후원하는 장기적 지원 프로그램과 정부의 지원없이 순수하게 비영리단체를 포함한 민간단체가 운영하는 프로그램이 있다. 예를 들면, 지역사회 대안 프로그램(COP : Community Options Program)이나 지역사회통합 프로그램(CIP : Community Integration Program)은 정부가 후원하는 장기프로그램의 사례이고, 노인을 위한 협동체(coalition), 노인복지서비스를 위한 동료애(elder care partnership), 그리고 구제프로그램(outreach program)과 같은 복지서비스 프로그램은 민간단체에 의한 것이다. 이러한 복지서비스 프로그램은 만성질환이 있고

13) 한경혜의 연구사례는 미국의 위스컨신 주에 있는 메디슨, 데인 카운티이다.

거동이 불편한 노인들에 대한 의료서비스를 그들의 집에서 받을 수 있도록 배려함은 물론 노인들에게 삶의 활력을 불어넣어 주기 위해 그들에게 정보를 제공하면서 상호 교류할 수 있는 기회를 넓혀가는 방식을 채택하고 있다. 특히 민간단체 위주로 전개되는 '노인을 위한 협동체(coalition)' 프로그램에는 대부분 노인들이 자원봉사자로 참여함으로써 더욱 편안한 복지서비스를 받을 수 있다.

2. 유　　럽

유럽은 세계에서 노인인구가 가장 많은 지역이다.[14] 유럽에서의 노인복지는 일찍부터 시작되었는데 특히 영국에서는 1908년에 빈곤노인들의 생계보조를 위한 노령연금법이 제정되었다. 1940년대에는 65세 노인에게 전액 노령수당을 지급하기도 했다. 그 밖의 유럽의 대부분의 나라에서도 65세 이상의 노인에게는 노령수당이 지급되고 있다. 국가에 따라서 부분적으로 차이는 있지만 유럽 국가들에 있어서 노령수당은 노인소득의 절반을 차지할 정도로 노인들의 생계유지에 절대적 영향을 미치고 있다. 또한 대부분의 유럽 국가에서는 65세 이상 노인들에게 무료의료 혜택이 주어지기 때문에 노인들의 경제적 안정과 함께 건강한 생활을 영유할 수 있는 제도적 및 사회적 서비스가 제공되고 있다.

영국에서의 노인복지서비스는 우선 제도적 복지서비스가 주를 이루고 있다. 노인들의 소득을 보장하는 제도가 일찍 시행되었다.

---

14) 그러나 국가에 따라서는 노인인구의 구성 비율에 차이가 있다. 예를 들면 전통적인 복지국가(스웨덴, 덴마크, 노르웨이 등)에서는 노인인구 비율이 점차 줄어들고 있으며 최근에 경제성장이 높은 국가(그리스, 포르투갈, 스페인 등)에서는 노인인구 비율이 증가하고 있다.

보호수당은 그중의 대표적인 것으로 신체적으로나 정신적으로 중증장애를 가지고 있어 계속적인 보호가 필요한 노인들에게 일정 금액을 지급하는 것이다. 그리고 저소득 노인들에게 주택을 제공하거나 기존의 주택에 대한 수리비용을 제공한다. 영국은 제도적 서비스뿐만 아니라 노인들의 의료문제를 해결하기 위한 사회적 노인복지서비스로 그 범위를 확대하였다. 예를 들면, 허약한 노인들에게 요양 또는 병원시설을 제공하여 사회적 복지서비스를 강화하였다. 그리고 노인들에 대한 보건 및 의료보호도 병원이 아닌 가정에서도 서비스를 제공받을 수 있는 가정간호제도를 도입하였다.

유럽의 대부분의 국가에서는 노인들의 안정된 노후생활을 보장하기 위한 사회보장법이 일찍 시행된데 이어 최근에는 노인들에게 실질적인 도움이 될 수 있는 복지서비스의 실시에 중점을 두고 있다. 여기에는 시설을 이용한 것뿐만 아니라 재가노인들에 대한 의료 및 기본생활에 필요한 복지서비스가 포함되어 있다. 영국은 특히 1980년대 후반부터 노인복지의 기본방향을 시설복지서비스에서 재가복지서비스로 전환하였다.[15)]

1989년 발표된 정부백서에서 노인들에 대한 재가복지서비스의 중요성과 필요성을 강조하였다. 비용이 많이 들어가고 긍정적인 효과를 얻고 있지 못한 시설중심의 노인복지서비스보다는 노인들이 현재 거주하고 있는 주택에서 편히 기거하면서 필요한 서비스를 제공받을 수 있는 재가노인복지서비스로의 정책변화를 시도하였다.

15) 영국은 과거에도 재가노인복지서비스에 관한 법률이 있었다. 이미 1959년에 정신위생법을 제정하였고, 1977년에는 기존의 법률을 개정하여 국민보건서비스법을 제정하였다.

영국에서의 재가노인복지서비스는 크게 사회복지사에 의한 간접적인 노인복지서비스와 좀 더 적극적인 서비스 전달의 유형으로 구분된다. 전자는 노인 당사자나 그의 가정이 스스로 문제해결을 할 수 있도록 사회복지사가 상담과 조언을 해 주는 프로그램이며, 후자는 정부나 민간단체에 의해서 실질적으로 도움이 필요한 노인들에게 가사지원서비스라든지 주간보호센터 이용 그리고 식사서비스 등을 제공하는 것을 말한다(강욱모, 1996).

이러한 재가노인복지서비스는 주로 지방정부에 의해서 이루어지고 있다. 영국에서 중앙정부는 주로 노인복지서비스에 필요한 정책을 개발하고 이를 지방정부에 시달하며 지방정부는 해당지역 실정에 맞도록 구체적인 시행규칙이나 세부조항을 만들어 각 정책의 실질적인 효과를 도모한다. 반면 중앙정부는 지방정부가 시행하고 있는 노인복지서비스에 대한 평가와 서비스의 보다 나은 효과를 위한 여러 가지 대안을 제시한다.

독일은 유럽에서 사회보장제도를 가장 일찍 법제화한 국가로서 이미 1880년대 말에 양로보험법을 제정하여 노인들에 대한 사회보험제도를 실시하여 왔다. 현재의 노인복지제도는 1976년 제정되고 몇 차례 개정 및 보완된 연방사회법전을 기초로 하고 있다. 독일의 노인복지서비스는 개별법령에 의하여 시행되고 있다(최봉석, 2005, 416-417). 그 사례를 보면, '요양보험법'과 '집단주거시설법'은 노인요양시설의 제공과 이용을 보장하고 있으며, 노인친화형 주택의 기준과 이용관계를 법정화하여 노인들이 편안하게 생활할 수 있는 주거시스템을 마련해 주고 있다. 그리고 '성장 및 고용촉진법'은 노인들의 교육활동을 강화하여 노령취업 및 사회활동을 지원하고 있다.

1995년 신설된 '양로수발보험법'은 노인들의 재가 또는 시설복지서비스의 법적인 토대를 제공하고 있다.[16] 본 법에는 수발형 요양원, 주간보호시설, 주간 노인정 등에 관한 설치기준이나 시행규칙에 관한 내용이 정리되어 있다(고수현, 2002, 28). 독일도 과거에는 시설중심의 노인복지서비스가 주를 이루었다. 그러나 독일 통일 후 천문학적인 통일비용의 지출 때문에 기존의 노인복지를 포함한 전체 사회복지예산이 대폭 축소되는 상황에서 사회복지비용의 절감 필요성이 대두되었고 비용이 많이 들어가는 정부주도의 시설확장보다는 민간에게 시설 및 재가노인복지서비스를 위탁하는 방향으로 정책을 추진하였다. 즉, 민간단체에게 노인복지서비스에 대한 책임을 맡기는 대신 정부는 관리・감독을 강화하였다. 결국 노인복지서비스의 공급과정에서 정부와 지역사회 및 민간단체가 유기적인 협조체제를 구축하여 보다 수준높은 서비스를 제공할 수 있도록 하였다(김덕환, 2001, 448-449).

김덕환(2001)이 소개하는 독일의 노인복지서비스의 특징은 노인복지시설이 지역주민과 지역정치인들의 협조로 접근성이 용이한 곳에 위치하여 자원봉사자들의 도움을 쉽게 받을 수 있도록 한 것이다. 또한 하나의 노인복지시설에 중증노인들의 치료를 위한 요양전문병원과 주간보호시설과 같은 재가복지서비스 그리고 양로원 같은 일반 시설복지서비스가 One-stop으로 이루어질 수 있는 시스템을 갖춤으로써 비용절감의 혜택뿐만 아니라 서비스를 받는 노인들에게 최상의 환경을 제공한 것이다.

---

16) 수발보험법의 시행으로 독일은 기존의 4대 사회보험(의료, 연금, 재해, 실업)과 함께 5대 사회보장제도를 완비하게 되었다.

3. 일 본

일본의 노인복지서비스는 1960년대 초부터 시작하였다. 급격한 노인인구의 증가와 이에 따른 사회적 비용의 증가는 정부에 의한 노인복지정책의 수립을 요구하게 되었다. 1963년 노인복지법이 제정된 이후 1973년에 개정되었고 1982년에는 노인보건법이 제정되었다. 특히, 1980년대 이후에는 거동이 불편한 노인들에 대한 시설 및 재가복지서비스가 확장되기 시작하였고 1990년대 들어서는 노인복지서비스의 지출이 늘어나 중앙정부는 심한 재정압박의 문제에 시달리게 되었다. 이를 해결하고자 개호수발보험의 도입을 추진하여 2000년 4월에 처음으로 시행하였다(백종인, 2000, 353). 일본은 자녀가 부모를 모시고 사는 비율이 낮고 많은 일본인들이 양로원같은 시설을 이용하기보다는 자신의 집에서 서비스를 받고 싶어하기 때문에 수발서비스의 필요성이 대두되었다.

개호수발보험은 지방자치단체가 중심이 되어 운영하는 것이지만 중앙정부뿐만 아니라 각 지방자치단체 및 각종 보험연합회가 공동으로 지원하는 시스템으로 되어 있다. 즉, 개호수발보험은 65세 이상의 노인인 경우 본인이 약 10%만 부담하고 나머지는 보험재원과 중앙정부, 지방자치단체가 공동으로 분담하는 형태를 띠고 있다. 2006년 3월 현재 65세 이상인 피보험자가 2,588만 명에 이른다.

일본에서의 노인복지서비스는 중앙정부보다는 지방자치단체 및 지역의 민간단체 그리고 민간사업자들이 주도하고 있다. 과거에는 중앙정부와 지방자치단체가 노인복지에 관한 정책입안은 물론 노인복지서비스 대상의 선정까지 하는 공급이 수요를 통제하는 시스템이었지만 개호수발보험의 도입으로 수요자가 공급자와의 계약을 통해 서비스의 양과 질을 결정하는 모습으로 변화되고 있다. 민간부문이 노인복지서비스에 참여함으로써 경쟁을 통한 서비스의 질이 향상될 수 있는 가능성이 높아졌다고 할 수 있다. 더욱이 과거의 중앙정부 및 지방자치단체 주도의 노인복지서비스는 주로 저소득층을 대상으로 한 것이라면 개호수발보험은 보편주의적 사고에 입각하여 일반 노인들도 신체적·정신적 개호의 필요성에 따라 서비스를 받음으로써 이용자의 범위가 넓어지게 되었다(백종인, 2000, 368). 그러나 개호수발보험으로 인해 많은 지방자치단체가 재정적인 부담을 안게 되고 실질적인 서비스에 있어서도 각 지역의 재정상태나 운영의지에 따라 차이가 나타나는 문제점이 나타나고 있다.

개호수발보험은 시설복지서비스와 재가복지서비스를 모두 포함하고 있다. 전자는 거동이 불편한 노인들에 대한 서비스로서 특별양호노인시설, 노인보건시설, 개호요양형 의료시설 등을 통해 개호 또는 재활서비스를 제공하는 것이다. 후자는 비교적 거동이 자유로운 노인들에게 취미와 여가 그리고 문화활동 및 건강지도와 같은 서비스를 제공하는 것으로서 개별방문서비스, 방문간호, 방문재활, 방문목욕서비스 등에 대하여 서비스 인력뿐만 아니라 가족이 서비스를 담당할 경우에 그들에게도 급여를 제공하는 것이다.[17)]

앞에서 지적한 바와 같이 일본인들의 성향이 병원이나 요양시설보다는 집에서 치료 및 기타 복지서비스를 받고 싶어하기 때문

17) 김미숙(2003)은 일본의 개호수발보험이 가족이 노인들을 부양함으로써 받는 금전적 혜택을 제한적으로 허용하기 때문에 실질적으로 가족개호부담의 경감을 가져오지는 못하고 있다고 지적한다.

에 일본에서는 재가노인복지서비스가 증가하고 있다. 이와 관련하여 일본에서는 '지역포괄케어시스템'이 도입되어 시행되고 있다. 일본의 히로시마현 미쓰기라는 마을에서 시행되고 있는 이 시스템은 의료, 복지, 보건 분야를 한 곳에서 담당함으로써 서비스 수혜자에게 완벽한 서비스를 제공하도록 되어 있는 것이다. 즉, 수요자형 복지서비스를 위한 시스템이라고 할 수 있다. 이 지역에서는 의료업무를 담당해 오던 병원이 행정기관으로부터 복지와 보건업무를 이관 받아서 체계적으로 서비스를 제공한다. 예를 들면, 병원에서 방문간호사들에 의한 재가서비스가 이루어지고, 병원에서 치료를 받을 때에는 수발전문가의 도움을 받으며, 평상시에는 이웃 사람들의 자원봉사 활동의 도움을 받기도 한다. 이와 같은 종합적인 의료·복지·보건서비스는 의료보험이나 개호수발보험에 적용되기 때문에 적은 비용으로 충분한 혜택을 받을 수 있다(동아일보, 2007. 5. 12).

일본에서 의료·복지·보건서비스의 통합노력은 '지역복지'란[18] 개념으로 정부차원에서 이미 1970년대 초에 시도되었다. 이후 최근에 와서 개호수발보험의 도입으로 노인복지의 사회화와 지역통합 노인복지서비스의 확대로 이어졌다. 사회복지관과 같은 시설중심의 노인복지로부터 지역전체의 네트워크를 이용하여 노인들이 재가생활을 하면서 의료 및 복지서비스를 제공받고 있다.

일본에서 의료·보건·복지가 연계된 지역복지가 발전하게 된 배경에는 노인의료비와 복지비 증가에 대한 사회적 비용의 억제와

18) '지역복지'란 시설 중심의 복지에서 지역수준에서 노인복지서비스의 양적·질적 향상을 도모하는 것을 의미하며, 재가서비스와 함께 시설을 이용하여 전문적인 의료 및 보건서비스를 함께 제공하는 복합 및 통합 노인복지서비스라고 할 수 있다. 지역복지의 개념 및 내용, 일본의 지역복지 사례분석은 박정란(1999)의 논문을 참조하였다.

재가서비스를 선호하는 노인들의 선호가 일치한 결과이다. 노인들이 필요로 하는 서비스를 체계적·효율적으로 제공하면서 비용을 줄일 수 있는 지역복지는 노인복지서비스의 양적·질적인 발전을 가져다 줄 것으로 기대된다.

의료·복지·보건의 통합을 전제로 한 지역복지서비스에서 필요한 것이 지방자치단체의 행정통합이다. 지방자치단체는 관련부서를 하나로 통합하여 노인문제를 전담하고 지역사회의 노인복지와 관련된 여러 기관 및 단체 그리고 시민들로 구성된 사회복지협의회[19]에 참가하여 상호 정보를 공유하고 지역주민들의 자발적인 참여를 독려하며 협의회의 재정적인 도움을 주기도 한다. 지역복지는 지역의 주민이나 전문가의 도움없이는 성과를 나타내기가 불가능하다. 재가와 시설복지서비스가 혼합되고, 의료·복지·보건이 통합되는 지역복지가 효율적으로 운영되기 위해서는 노인복지서비스의 주체인 지방자치단체, 주민, 전문가집단, 사회복지협의회 등이 상호 협조를 이루어 나가는 것이다. 여기에 지방자치단체가 통합적인 기능을 수행할 때 서비스의 효과는 배가된다(小林弘和, 1990).

4. 시 사 점

선진 외국의 노인복지서비스에 대한 사례연구를 통해서 얻을 수 있는 시사점은 크게 서비스의 내용과 전달체계에서 찾을 수 있다. 첫째, 노인복지서비스가 노인들의 주거, 의료, 보건, 그리고 경

19) 일본에서의 사회복지협의회는 각 지방자치단체 단위로 그 지역의 여러 기관이나 단체, 주민 그리고 행정기관이 포함되며 행정과 민간 그리고 행정과 지역집단 간의 중간자적 역할을 수행한다. 小林弘和(1990)와 방성수·김한양(2002) 참조.

제적 안정을 위한 각종 연금 등과 같은 제도적 서비스로부터 점차 시설 및 재가노인복지서비스로 전환되고 있다. 유럽에서는 일찍부터 노인들을 위한 사회보험이 시행되어 노인들의 안정적인 노후생활을 위한 의료 및 보건 그리고 경제적 노인복지서비스가 시작되었다. 일본은 유럽에 비해 늦었지만 1960년대부터 노인복지에 대한 필요성을 인지하고 제도적 서비스의 확충에 힘을 기울였다. 그러나 노인인구의 급격한 팽창으로 인한 국가의 재정적 부담이 늘어나고 시설에서 받는 서비스보다는 자신의 주거지역에서 서비스를 받고자 하는 노인들의 선호에 의해 노인복지서비스의 내용이 점차 재가서비스를 강화하는 방향으로 나아가고 있다. 최근에는 기존의 노인복지시설과 재가서비스를 연계하여 One-stop으로 의료 및 기타 재가서비스를 받을 수 있도록 프로그램을 개발하고 있다. 과거의 공급자 중심에서 수요자 중심으로의 노인복지서비스로 전환되고 있는 것이다. 또한 저소득층 또는 몸이 불편한 노인들에 대한 복지서비스뿐만 아니라 일반 노인들에 대한 재가서비스의 필요성도 제기되면서 노인복지의 수혜자가 확대되는 현상을 볼 수 있다.

둘째, 노인복지정책 추진 초기 노인복지서비스의 주체는 주로 국가였다. 노인들의 경제적 생활안정을 위한 각종 보험 및 연금지급, 몸이 불편하거나 의료서비스가 필요한 노인들을 위한 요양원과 노인전문병원 그리고 기타 복지시설 등에 대한 투자는 국가에 의존할 수밖에 없었다. 그러나 노인인구의 증가와 노인들이 요구하는 서비스의 내용이 다양화되면서 국가의 재정적 부담뿐만 아니라 수용능력의 한계를 보여줌으로써 점차 노인복지서비스의 부담을 지방정부 및 민간단체로 이관시키는 경향으로 바뀌고 있다. 여전히 국가가 노인복지서비스를 제공하는 데 있어 재정적인 부담을 하고 있지만 그것을 관리하고 통제하는 역할이 지방정부에게로 이관되고 있다. 동시에 노인복지서비스를 지역사회의 여러 단체들과의 협조하에 운영하려는 경향이 있다. 지방정부는 지역에서 시행되는 노인복지서비스의 관리운영의 주체로서 해당 지역의 관련 단체들과의 연계를 통하여 비용을 절감하는 동시에 보다 효율적인 서비스를 제공할 수 있게 된다. 노인들이 원하는 복지서비스의 내용이 점차 통합형으로 가고 있는 상황에서 개별적인 서비스 공급주체의 힘만으로는 재정적인 문제뿐만 아니라 효율적인 서비스의 전달이 어려운 형편이다. 지역 내의 여러 서비스 주체들 간에 인적·물적 네크워크를 형성하여 필요한 정보와 시설 및 인적 자원을 공유함으로써 노인복지서비스의 양적·질적인 발전을 기할 수 있다.

제 3 장

지방자치단체의 노인복지서비스 현황과 문제점

제 1 절 개 요

지방자치단체의 노인복지서비스관련 행정체제는 광역자치단체와 기초자차단체가 각기 다르고, 또한 같은 기초자치단체라도 지역의 특성에 따라 차이가 있다. 또한 노인복지업무를 담당하는 팀이 속해 있는 부서(과)의 명칭이 서로 다르고 예산운용도 차이가 있을 수 있다. 본 장에서는 사례지역을 선정하여 자치단체별 노인인구 구성과 복지시설 현황, 노인복지서비스 지원체제, 노인복지서비스 내용, 예산, 노인복지서비스 전달체계, 시민단체와의 협력관계, 지역사회복지협의체 등 노인복지서비스 관련 현황을 살펴보고 지역특성에 따른 노인복지서비스지원의 차이점과 시사점을 도출하고자 한다. 사례지역은 대도시지역은 서울특별시로서 성동구를 중심으로 살펴보았고, 중소도시 지역은 경기도 군포시, 농촌지역은 충북 음성군을 대상으로 하였다.

제2절 사례지역의 노인복지서비스 현황

1. 대도시: 성동구를 중심으로

가. 개 요

성동구의 전체 인구는 2005년 통계를 기준으로 337,744명이며 이 중에서 65세 이상의 노인인구는 24,330명으로 전체 인구의 7.2%를 차지하고 있다.

성동구의 노인인구 구성을 보면 남녀노인이 각각 41%, 59%로 여성노인의 비율이 높으며 전국 수치와 비교하면 비슷한 양태를 보이고 있다. 연령별 구성을 보면 전국에 비해 고령인구의 비율이

[표 3-1] 성동구 노인인구 추이

(단위: 명, %)

연도	총인구(A)	65세 이상 인구(B)	B/A
1996	331,206	15,102	4.5
1997	326,026	15,756	4.8
1998	323,230	16,419	5.1
1999	340,704	18,142	5.3
2000	342,508	19,155	5.6
2001	343,471	20,345	5.9
2002	343,018	21,473	6.3
2003	343,929	22,723	6.6
2005	337,744	24,330	7.2

자료: 성동구 기획예산과, 통계연보, 2006.

[표 3-2] 노인인구의 특성

(단위: 명, %)

구 분		성동구	전 국
전체 노인인구		24,330	3,371,806
전체 인구 중 노인인구의 비율		7.2	9.1
성	남자	41.0	38.2
	여자	59.0	61.8
연 령	65~69	44.8	40.8
	70~74	26.3	27.2
	75~79	15.0	17.8
	80세 이상	13.9	14.2

자료: 성동구 기획예산과, 서울시 주민등록인구통계, 2006.

약간 낮은 편이다.

성동구에서 65세 이상 국민생활보장 수급대상자로 단독 및 노인세대, 18세 미만의 아동을 보호하는 노인세대, 중증장애인과 함께 거주하는 노인을 의미하는 65세 이상 독거노인의 수는 2005년 기준으로 5,317명으로, 65세 이상 전체 노인인구 24,330명의 21.9%이다.

노인여가복지시설은 노인복지회관이 2개 설치되어 있고 이를 이용하는 사람은 하루 평균 약 1,300명 수준이다. 경로당은 성동구 전역에 134개가 있으며 하루 평균 약 4,000명 이상이 이용하고 있

[표 3-3] 성동구 독거노인 현황

(단위: 명, %)

구 분	총 인구	65세 이상	전체인구 대비 노인인구	독거노인	전체 노인인구 대비 독거노인
합 계	337,744	24,330	7.2	5,317	21.9

자료: 성동구, 내부자료, 2006.

[표 3-4] 성동구 노인여가 복지시설 이용 현황

(단위: 개, 명)

구 분	노인복지회관	경로당	노인교실
시설수	2	134	2
이용자수	1,300	4,000	100

자료: 성동구, 내부자료, 2007.

[표 3-5] 재가노인복지시설 이용 현황

(단위: 개, 명)

구 분	가정봉사원파견시설	노인주간보호시설	노인단기보호시설
시설수	2	2	1
종사자수	26	7	3
이용 정원	80	70	50

자료: 성동구, 내부자료, 2007.

는 것으로 추정된다. 노인교실은 2개가 있으며 이를 이용하는 사람은 하루 평균 약 100명 정도이다.

재가노인복지시설은 가정봉사원 파견시설이 2개 있으며 이에 종사하는 사람은 26명이고 이를 이용하는 사람은 80명이다. 노인주간보호시설은 2개 있으며 이에 종사하는 사람은 총 7명이며 이들 시설을 이용하는 사람은 70명이다. 그리고 노인단기보호시설이 한 곳 있는데 이 곳에 종사하는 사람은 3명이며 이용자 수는 50명 정도이다.

나. 노인복지서비스 담당 인력과 업무

성동구는 가정복지과에 노인복지팀이 있으며 팀장 1명, 사회 7급 2명, 행정 7급 1명, 행정 9급 1명의 총 5명으로 구성되어 있다. 이들 5명의 공무원은 아래의 [표 3-6]과 같이 각자 전담 업무를 수행하고 있다. 이들이 수행하는 주요 업무에는 고령화사회에 대비한

[표 3-6] 성동구 노인복지서비스담당 인력과 업무 (2007년 10월 현재)

직 급	담당업무
팀장	노인지원팀 총괄 업무
사회 (7급)	고령독거노인 지원 등 노인업무 전반, 노인일자리 사업, 노인돌보미 바우처, 생활지도사 파견사업, 가정도우미 운영관리, 동부노인전문요양센터 운영지원, 고령자취업알선센터 지원
행정 (7급)	노인종합복지관, 경로당 제반업무(시설공사, 운영비 지급), 장사 등에 관한 업무
행정 (9급)	노인교통수당, 경로연금, 위생비
사회 (7급)	노인시설신고, 재가노인복지, 시설입소관련(동부노인전문요양센터 포함), 대한노인회 및 노인복지기금, 장사관련업무, 노인건강축제, 경로당 활성화 프로그램

자료: 성동구 기획예산과, 서울시 주민등록인구통계, 2006.

노인복지정책의 수립 및 시행, 시립 동부노인전문요양센터 및 노인종합복지관의 운영 및 관리, 재가노인복지시설의 운영 및 관리, 노인일자리사업과 취업박람회 업무, 경로당의 운영 및 관리, 노인교통수당, 경로연금, 위생비 지급 등이다.

다. 노인복지서비스의 주요 내용

2007년 성동구의 총 예산은 8,834,351(천원)으로 주요 사업과 이에 필요한 예산은 [표 3-7]과 같다. 예산 현황에서 나타난 바와 같이 성동구의 노인복지 주요사업은 경로연금과 노인교통수당지급으로 사회보장적 수혜금이 가장 높은 비율을 차지하고 있다(5,495,016천원). 이어서 경로당 운영 및 난방비(620,042천원), 재가노인복지사업(400,934천원), 노인일자리사업 인건비(367,500천원), 경로당 및 복지관의 공공요금·임차료·시설유지비(361,170천원) 순으

[표 3-7] 성동구 주요사업 및 예산

(단위: 천원)

사업내용	예 산
대현경로복지관 운영비	36,936
노인일자리사업 인건비	367,500
경로당 및 대현경로복지관의 공공요금 및 임차료 그리고 시설유지비	361,170
어버이 날 및 노인의 날 행사 운영비	28,240
노인건강진단 업무 추진 등 시책추진업무추진비	4,862
각종 행사실비 보상금	186,560
경로당 도서구입 등 민간경상보조금	46,701
경로연금과 노인교통수당 지급 등 사회보장적 수혜금	5,495,016
가정도우미 및 프로그램 운영을 위한 보상금	150,760
노인교실보조금	1,200
경로당운영 및 난방비	620,042
독거노인돌보미바우처	287,900
노인일자리사업	305,250
독거노인도우미 파견사업	161,280
재가노인복지사업	400,934
경로당 시설보수 및 여가생활 물품	330,000
예비비(기금전출금)	50,000
합 계	8,834,351

자료: 성동구, 내부자료, 2007.

로 예산이 책정되어 있다. 그 외에 경로당 시설보수 및 여가생활물품, 독거노인돌보미 바우처, 각종 행사실비 보상금 등이 있다.

성동구의 유형별 노인복지서비스를 살펴보면, 제도적 노인복지서비스로 노인일자리사업, 어버이 날 및 노인의 날 행사, 노인건

[표 3-8] 성동구 노인복지서비스의 유형과 내용

제도적 노인복지 서비스	사회적 노인복지서비스	
	시설노인복지서비스	재가노인복지서비스
· 노인일자리사업 · 어버이날 및 노인의날 행사 · 노인건강진단 · 경로연금 · 노인교통수당	· 대현경로복지관 운영 · 경로당운영 · 노인교실	· 가정도우미 파견 · 독거노인도우미 파견 · 독거노인돌보미바우처

강진단, 경로연금, 노인교통수당 지급 등이 있고, 시설노인복지서비스는 대현경로복지관 운영, 경로당 운영, 노인교실 운영 등이 있다. 재가노인복지서비스는 가정도우미 파견, 독거노인도우미 파견, 독거노인돌보미바우처 등이 있다.

라. 노인복지서비스 전달체계

우리나라의 노인복지서비스 전달체계는 보건복지부에서 각 사업별로 사업지침과 예산을 결정하여 시달하면 집행은 지방자치단체를 통해 이루어지고 있다. 중앙정부의 지침이 광역자치단체를 통해 기초자치단체에 전달되고 기초자치단체는 다시 읍면사무소 및 동주민센터를 통해 대상자에게 전달되는 행정체계로 운영되는 구조를 가지고 있다.

프로그램의 실질적 집행기능은 보건복지부의 업무지침과 위임에 따라 수행하고 있으나 행정자치부에 의해서도 사무처리에 대한 감독과 통제를 받고 있다.

성동구에서 실시하고 있는 노인복지서비스가 수요자에게 전달되는 과정을 서비스 유형별로 몇 가지 사례를 중심으로 살펴보면 다음과 같다.

1) 제도 및 재가노인복지서비스의 전달

성동구에서 실시하고 있는 제도적 노인복지서비스에는 경로연금 지급, 노인교통비 지급, 노인일자리사업 등이 대표적이다. 기본적으로 경로연금은 저소득층에게 지급하는 경제적 지원서비스의 하나이다. 노인들이 경로연금을 지급받기 위해서는 자신이 거주하는 동주민센터에 신청하고 동주민센터 노인복지담당은 이를 구청에 접수시킨다. 구청에서는 보건복지부 기준과 자체적으로 계상된 예산을 고려하여 경로연금의 대상자를 결정한다. 성동구의 경로연금 지급에 필요한 예산은 국비 50%, 시비 30%, 구비 20%로 충당된다.

65세 이상 노인에게 지급하는 노인교통비는 동주민센터의 노인복지 담당자가 주민등록 현황을 파악하여 신규자를 선정하고 이들에게 안내문을 발송하여 본인이 직접 동주민센터에 오거나 아니면 대부분의 경우에는 노인들의 은행계좌에 이체시켜 주고 있다.

노인일자리사업은 성동구에서 가장 성과가 좋은 사업 중의 하나이다. 구청은 보건복지부와의 협의를 통해 예산을 확보한다. 노인일자리사업에 필요한 예산은 국비 30%, 시비 35%, 구비 35%로 충당된다. 구청은 동주민센터와의 협의를 통해 예산이 허락하는 범위 내에서 필요한 일자리와 적정한 인원수를 조절한다. 구청에서는 소식지 또는 현수막을 통해 홍보를 하며 경로당과 통장 등을 통해 일자리사업에 대한 안내를 한다. 일반 노인들은 동주민센터나 노인회, 그리고 노인복지관 등에 신청을 하면 그 곳에서는 노인들의 건강상태를 체크하고 소득상태를 고려하는데 주로 저소득층을 대상으로 결정한다.

독거노인들에 대한 가사지원서비스(도시락 배달, 밑반찬 배달, 생일상 차려 드리기 등)는 노인들이 직접 신청하거나 동주민센터의 사회복지사가 대신해서 신청할 수 있으며 구청에 접수가 되면 노인복지관 또는 별도의 경로식당에 의뢰하여 서비스가 실시된다. 위와 같은 서비스에는 시비와 구비가 함께 사용된다.

거동이 불편하여 양로원이나 노인요양센터 같은 시설에 입주가 필요한 경우에는 노인이 직접 신청하거나 동주민센터의 복지담당 및 사회복지사 또는 통장 및 시민단체가 추천하여 동주민센터에 신청이 되는데 시설이 부족하여 대기해야 하는 경우가 많다. 이들은 집에서나 병원에서 순서를 기다려야 한다. 1996년부터 서울시에서 실시하고 있는 가정도우미 제도에 의해 각 구마다 15명 정도의 가정도우미들이 있는데, 필요한 경우에 이들 노인들에게 가사지원서비스를 제공하기도 한다.

2) 시설노인복지서비스의 전달

노인복지관이나 경로식당 그리고 노인요양센터 같은 시설은 주로 복지법인이나 민간단체 사업자에게 위탁하여 운영하고 있지만 구청은 정기적으로 위생상태와 급식상태 등에 관한 관리·감독 기능을 수행하며 결과를 서울시에 보고하고 있다.

사업자 선정은 공무원과 민간단체가 중심이 되어 사업자선정심의위원회를 구성하여 사회적 기여도 및 그동안의 경력 등을 고려하여 처음에는 3년간 계약을 맺고 그 이후에는 위탁신청 선정위원회를 구성하여 재위탁심사를 거쳐 최종 결정한다.

마. 시민사회단체와의 협력관계

성동구에서의 일반 개인의 노인복지서비스에 대한 자원봉사는 구청에 있는 자원봉사센터에서 신청을 받아 노인복지관과 같은 시설이나 재가노인들에 대한 가사지원서비스 등에 투입된다. 복지관 같은 곳에서는 특별한 행사가 있으면 자원봉사센터에 의뢰하여 자원봉사자의 도움을 받을 수 있으며 독거노인들도 개인으로 요청하면 자원봉사자가 연결될 수 있다.

자원봉사자들은 여러 명으로 그룹을 형성하여 활동하기도 하고 개인적으로 신청하면 자원봉사센터에서 자원봉사업무를 지정하여 준다. 자원봉사에 참여하는 사람들은 자식을 둔 중년의 어머니들이 많으며 최근에는 50~60대의 노인들도 참여하고 있지만 수적으로는 아직 많지 않다. 전체적으로 보면 자원봉사자들의 노인복지서비스에 대한 참여가 많지 않으며, 참여자들도 대부분이 기존에 오랫동안 자원봉사를 한 사람들이 계속 참여하는 경향이 있으며 새롭게 참여하는 자원봉사자수는 그리 많지 않다. 그 이유는 기본적으로 아직은 자원봉사에 대한 사회적 인식 부족과 기관의 홍보 부족에 기인한다고 볼 수 있다.

바. 지역사회복지협의체

성동구는 2006년에 사회복지협의회를 구성하였으며, 시민단체와 구청 공무원들이 정기적으로 회의를 하고 구예산편성이나 각종 성금관리 등에 대하여 토의하고 결정한다. 분과는 아동, 노인, 여성, 장애인 등으로 조직되어 있다. 성동구 지역사회복지협의회는 성동구 내 사회복지서비스의 제공에 있어 시민단체와 일반 시민의 참여를 통해 민관협력체제를 만들기 위해 조직되었다. 지역사회복지협의회 업무는 구청에 있는 서비스연계팀에서 관리하고 있다.

현재까지 사회복지협의회의 활동이 커다란 성과를 내고 있지는 않지만 점차 그 역할이 증대될 것으로 예상된다. 특히, 신속하고 효율적인 복지서비스 제공을 위하여 중요한 중간자 역할을 할 것으로 기대된다. 현재 진행되고 있는 사업은 주로 서비스 분배에 있어서의 공정성과 적정성을 위한 데이터 공유를 위한 사전 작업이 이루어지고 있다.

2. 중소도시: 군포시를 중심으로

가. 개 요

군포시의 인구는 2005년 말 현재 약 27만 8천여 명으로 65세 이상 인구는 매년 증가하여 2005년에는 16,837명으로 전체인구의 6.1%를 차지하고 있다

군포시 노인인구 구성을 보면, 2005년 말 현재 남녀노인이 각각 37.9%, 62.1%로 경기도와 전국에 비해 남자노인의 비율이 약간 낮으며 연령별 구성을 보면 경기도와 전국에 비해 고령인구의 비율이 높은 편이다.

한편 만 65세 이상 국민기초생활보장 수급대상자로 단독 노인세대, 18세 미만의 아동을 보호하는 노인세대, 중증장애인과 함께 거주하는 노인 등, 군포시 독거노인은 2006년 1월 31일 현재 848명으로 전체 노인인구의 4.96%이다.

노인여가복지시설은 노인복지회관이 1개 설치되어 있으며 1일

[표 3-9] 군포시 노인인구 추이

(단위: 명, %)

연 도	총인구(A)	65세 이상 인구(B)	B/A
1996	254,832	10,028	3.9
1997	262,860	10,673	4.1
1998	271,106	11,543	4.3
1999	270,951	12,306	4.5
2000	271,306	13,014	4.8
2001	270,326	13,354	5.0
2002	269,889	14,290	5.3
2003	276,756	15,311	5.5
2005	277,010	16,837	6.1

자료: 군포시, 16회 통계연보, 2005.

[표 3-10] 노인인구의 특성

(단위: 명, %)

구 분		군포시	경기도	전 국
전체노인인구		16,837	519,256	3,371,806
노인인구 비율		6.1	7.1	9.1
성	남자		37.9	38.9
	여자		62.1	61.1
연령	65~69		39.2	41.4
	70~74		28.0	27.2
	75~79		17.9	17.6
	80세 이상		14.9	13.8

자료: 군포시, 제16회 통계연보, 2005.

이용자수는 400~500명이다. 경로당은 89개가 설치되어 있으며 하루 이용자수는 약 5,000명 정도이다. 노인교실은 2개가 있으며 하루 약 160명 정도의 노인이 이용하고 있다.

[표 3-11] 군포시 독거노인 현황 (단위: 명, %)

구 분	총 인구	65세 이상	전체인구 대비 노인인구	독거노인	전체 노인인구 대비 독거노인
합 계	277,807	17,114	6.16	848	4.96

자료: 군포시, 내부자료, 2006.

[표 3-12] 군포시 노인여가 복지시설 (단위: 개, 명)

구 분	노인복지회관	경 로 당	노인교실
시설수	1	89	2
이용자수	400~500	5,000	160

자료: 군포시, 내부자료, 2006.

[표 3-13] 재가노인복지시설 (단위: 개, 명)

구 분	가정봉사원 파견시설	노인주간 보호시설	노인의 집	경로시설
시설수	2	1	1	1
종사자수	10	7	-	-
이용정원	294	20	80	

자료: 군포시, 내부자료, 2006.

재가노인복지시설은 가정봉사원 파견시설이 2개 있으며 종사자수는 10명으로 이용정원은 294명이다. 노인주간보호시설은 1개가 있으며 종사자수는 7명으로 이용정원은 20명이다. 노인의 집이 1개 설치되어 있으며 이용정원은 80명이다.

나. 노인복지서비스 담당 인력과 조직

군포시는 여성가족정책과에 노인복지팀이 구성되어 있으며 4명의 공무원이 노인종합복지계획, 노인복지회관 및 시설 관리, 실버인력뱅크 관리, 환경개선사업 등의 업무를 수행하고 있다. 4명의

[표 3-14] 군포시 노인복지서비스담당 인력과 업무 (2007. 5. 29 현재)

직 급	담당 업무
팀 장	노인복지업무 총괄
행정 6급	노인복지종합계획수립, 노인행사 추진, 노인복지기금(도·시), 사회단체보조금
사회복지 7급	노인지회 및 노인대학 관리, 노인복지회관 및 시설관리, 노인돌보미바우처 관리, 독거노인생활지도사 및 독거노인 관리, 노인복지 일반
행정 7급	일자리사업, 실버인력뱅크 관리, 시니어클럽 운영, 노인복지예산, 경로식당, 식사배달
사회복지 7급	경로당 신·증축, 환경개선사업, 경로당물품구입, 경로당활성화, 시설입소 관리, 경로연금 및 각종 수당 지급(위생장수, 교통)

공무원은 일반행정직 2명과 사회복지직 2명으로 각각 노인복지업무를 담당하고 있다.

다. 노인복지서비스의 주요 내용

군포시의 2007년 노인복지사업 예산은 총 8,288,755(천원)이다. 단위사업별로 보면 노인수당이 3,452,824(천원) 책정되어 있으며, 이는 전체 예산의 41.7%를 차지하고 있다. 노인수당 지급은 노인복지법 제4조(월동난방비), 제9조(경로연금), 제26조(경로우대)에 근거하고 있다.

저소득독거노인 지원사업은 전체 예산의 4.8%인 400,473(천원)이 책정되었으며, 노인복지법 제4조에 의해 지원되고 있다.

경로당 지원사업은 전체 예산의 9.3%인 767,308(천원)으로 노인복지법 제37조(노인여가복지시설의 설치)에 근거하여 지급되고 있다. 노인일자리 사업은 전체 예산의 12.1%인 1,006,000(천원)이 책정되었으며, 노인복지법 제23조(노인사회참여지원), 시행령 제17조의 3, 제17조의 4에 의해 지급되고 있다.

노인복지회관 운영은 전체 예산의 8.8%인 728,098(천원)이 책정되었으며, 노인복지법 제36조(노인여가복지시설)에 의해 지급되고 있다. 노인관련행사는 전체 예산의 0.1%인 13,500(천원)이며, 노인복지법 제4조, 제6조, 제27조(건강진단 등), 시행령 제20조, 시행규칙 제8조~제9조에 의해 지급되고 있다. 경로식당은 전체예산의 5.8%인 485,264(천원)으로서, 노인복지법 제4조(보건복지증진의 책임)에 의해 지급되고 있다.

재가복지사업은 전체 예산의 17.0%인 1,410,168(천원)으로, 노인복지법 제38조(재가노인복지시설), 노인복지법 제4조(보건복지증진의 책임)에 의해 지급하고 있으며, 대한노인회 지회에는 전체예산의 0.3%인 14,320(천원)이 책정되었으며, 노인복지법 제4조(보건복지 증진의 책임)에 근거하여 지급되고 있다.

[표 3-15] 군포시 노인복지사업 예산내역(2007) (단위: 천원)

단위사업명	사 업 명	예산액	비율(%)
계		8,288,755	
노인수당		3,452,824	41.7
	경로연금	793,053	
	노인교통비	2,440,393	
	노인가구월동난방비	197,778	
	사회복지시설생계비	21,600	
저소득독거노인 지원사업		400,473	4.8
	노인위생수당	362,400	
	고추장담가주기	13,000	

	김장담가주기	16,000	
	칠팔순효도잔치	7,500	
	노인건강진단	1,573	
경로당지원		767,308	9.3
	경로당운영난방비	201,142	
	사회봉사활동비	234,934	
	명절맞이위문품지원	10,000	
	환경개선사업	100,000	
	물품지원사업	20,000	
	경로당도우미	201,232	
노인일자리사업		1,006,000	12.1
	노인일자리지원사업	648,000	
	교육형추가	33,000	
	실버인력뱅크	60,000	
	시니어클럽운영비	95,000	
	시니어클럽임차료	150,000	
	시니어클럽 차량	20,000	
노인복지회관		728,098	8.8
	운영비	728,098	
노인관련행사		13,500	0.1
	어버이 날 행사	6,000	
	노인의 날 행사	6,000	
	노인휘호대회	1,000	
	노인관련봉사자봉사	500	
경로식당		485,264	5.8

	경로식당 무료급식	338,480	
	취사원 인건비	33,600	
	영양사 인건비	61,452	
	저소득재가노인 식사배달	51,732	
재가복지사업		1,410,168	17.0
	재가노인복지시설 운영	566,980	
	특수근무수당	52,200	
	노인돌보미 지원	253,000	
	노인실비입소 이용료 지원	60,000	
	유급봉사원 확대	120,000	
	독거노인도우미 파견사업	193,488	
	은빛사랑채 설치	120,000	
	은빛사랑채 운영	44,500	
대한노인회 지회		14,320	0.3
	수봉노인대학 운영	6,000	
	노인한글반 운영	1,920	
	노인일거리마련사업	6,400	
기 타	개인운영신고시설 운영	10,800	0.1

자료: 군포시, 내부자료, 2007.

군포시의 노인복지서비스는 크게 노인수당, 저소득독거노인 지원사업, 경로당지원, 노인일자리사업, 노인복지회관, 노인관련행사, 경로행사, 재가복지사업, 대한노인회 지회, 기타 사업의 단위사업으로 구분되어 있다.

각 단위사업별 사업은 다시 세분되어지는데 노인수당은 경로연금, 노인교통비, 노인가구월동난방비, 사회복지시설생계비로 세분되어진다. 저소득독거노인 지원사업은 노인위생수당, 고추장담가주기, 김장담가주기, 칠팔순효도잔치, 노인건강진단이 있으며, 경로당지원사업은 경로당운영난방비, 사회봉사활동비, 명절맞이위문품지원, 환경개선사업, 물품지원사업, 경로당도우미 등의 사업으로 세분되어 있다.

노인일자리사업은 노인일자리지원사업, 교육형추가, 실버인력뱅크, 시니어클럽운영비, 시니어클럽임차료, 시니어클럽차량 등으로 세분되어 있다.

노인관련행사 사업으로는 어버이 날 행사, 노인의 날 행사, 노인휘호대회, 노인관련행사 봉사자봉사 등이 있으며, 경로식당사업으로는 경로식당 무료급식, 취사원 인건비, 저소득재가노인 식사배달 등이 있다.

재가복지사업은 재가노인복지시설 운영, 노인돌보미 지원, 노인실비입소이용료 지원, 독거노인도우미 파견사업, 은빛사랑채 설치 및 운영 등의 사업이 있다.

대한노인지회 지원사업으로 수봉노인대학 운영, 노인한글반 운영, 노인일거리마련사업 등이 있으며 이외에 노인복지회관과 개인운영신고시설 지원사업을 운영하고 있다.

위와 같은 사업을 제도, 시설, 재가노인복지서비스 유형으로 구분하여 보면 [표 3-16]과 같다.

군포시의 제도적 노인복지서비스는 경로연금, 노인교통비, 사회복지시설생계비, 노인일자리사업, 실버인력뱅크, 시니어클럽 운영 등이 있으며, 시설노인복지서비스는 경로당운영난방비, 경로당

[표 3-16] 군포시 노인복지서비스 유형과 내용

제도적 노인복지 서비스	사회적 노인복지 서비스		지역특성사업
	시설노인복지 서비스	재가노인복지 서비스	
· 경로연금 · 노인교통비 · 노인가구월동난방비 · 사회복지시설생계비 · 노인일자리지원사업 · 실버인력뱅크 · 시니어클럽 운영	· 경로당운영난방비 · 경로당사회봉사활동비 · 경로당명절맞이 위문품지원 · 경로당환경개선사업 · 경로당물품지원사업 · 경로당도우미 · 경로식당무료급식 · 노인복지회관 운영	· 저소득재가노인 식사배달 · 재가노인복지시설 운영 · 노인돌보미 지원 · 노인실비업소이용료 지원 · 독거노인도우미 파견사업 · 은빛사랑채 운영	· 노인위생수당 · 고추장담가주기 · 김장담가주기 · 칠팔순효도잔치 · 노인건강진단 · 어버이 날 행사 · 노인의 날 행사 · 노인휘호대회 · 수봉노인대학 운영 · 은빛사랑채 운영 · 노인한글반 운영

사회봉사활동비, 경로당환경 개선사업, 경로당도우미, 경로식당 무료급식, 노인복지회관 운영 등이 있다. 재가노인복지서비스는 저소득재가노인 식사배달, 재가노인복지시설 운영, 노인돌보미 지원, 노인실비업소이용료 지원, 독거노인도우미 파견사업, 은빛사랑채 운영 등이 있다.

지역특성사업으로는 노인위생수당, 고추장담가주기, 김장담가주기, 칠팔순효도잔치, 노인건강진단, 어버이 날 행사, 노인의 날 행사, 노인휘호대회 등이 있다.

라. 노인복지서비스 전달체계

군포시의 경우 몇 가지 사례별로 노인복지서비스 전달체계를 살펴보면 다음과 같다.

1) 제도 및 재가노인복지서비스 전달

경로연금의 대상은 기초생활수급자와 저소득층으로서 군포시에는 2006년 6월 1일 현재 1,300명이 대상이다. 기초생활수급자의 지원금액은 80세 이상은 월 5만원, 65세~79세는 월 4만 5천원을 지급하고 있으며, 65세 이상 저소득노인에게는 월 3만 5천원이 지급되며 저소득노인 부부에게는 월 30,630원이 지급되고 있다.

경로연금은 지급액 중 국비 70%, 도비 15%, 시비 15%로 충당하고 있다.

노인교통비는 65세 이상 일반노인에게 분기별로 3만 6천원이 지급되며, 기초생활수급자에게는 분기별로 4만 2천원이 지급되고 있다. 군포시의 노인교통비 지급대상은 2006년 6월 1일 현재 17,300명으로서 노인교통비는 도비 15%와 시비 85%로 지급되고 있다.

저소득 독거노인의 이미용 지원을 위해 노인위생비 명목으로 월 2만원이 지급되며, 월동난방비로 6개월 동안 월 5만원이 지급되고 있다. 노인위생비는 100% 시비로 지급되며 월동난방비는 도비 50%, 시비 50%이다.

지금까지 언급한 노인복지서비스는 노인 각 개인에게 전달되는 서비스로서 이 과정에서의 전달체계를 살펴보면 다음과 같다.

첫째, 동주민센터[1]의 복지담당 및 사회복지사가 지역 내의 사업별 지급대상에 대한 현황파악과 초기상담을 실시한다. 둘째, 동주민센터에서 초기조사가 끝난 후 시의 통합조사팀에게 조사내용을 알려주면 통합조사팀에서 다시 현지를 방문하여 확인조

---

1) 2007년 9월 1일부터 도시지역의 동사무소는 '동주민센터'로 명칭이 바뀌었으며, 농촌지역의 읍면은 기존대로 읍면사무소의 명칭을 유지하고 있다.

사를 실시한다.2) 셋째, 현지방문 후 통합조사팀에서 대상자로서의 적합 또는 부적합을 판정한 후 동주민센터에 통보한다. 넷째, 동주민센터는 통보를 받은 후 대상자에게 사업별 금액을 통장으로 지급한다.

이와 같은 업무는 동주민센터의 사회복지사가 담당하며 군포시에서는 동주민센터의 사회복지사를 통해 서비스 수혜대상자들에게 서비스업무를 전달하며 때로는 사회복지사가 통반장을 통해 서비스업무를 전달하는 경우도 있다.

한편 노인관련 사회단체에게 전달되는 서비스로는 사회단체보조금과 노인복지기금 등이 있으며, 이들 단체에 대한 예산지원은 시의 담당부서에서 사업공고를 하면 노인동아리, 노인회 등 각 단체에서 소요예산을 포함한 사업계획서를 시에 제출한다.

시에서는 제출된 사업계획서는 심의위원회에서 심의를 통해 타당성 검토를 한다. 심의위원회에서 올라 온 사업계획서를 담당공무원이 1차 검토한 후 심의위원회에 돌려보내면 심의위원회에서 다시 2차 검토를 마친 후 사업자를 선정하여 기금액 내에서 예산을 지급한다. 사회단체보조금 및 노인복지기금은 각각의 운용기준에 의해 배분 및 운영되며 각 사업부서 및 노인복지팀에서 월별로 계획을 수립하고 토론하여 조정한다.

시설입소를 필요로 하는 독거노인에 대한 서비스 지원의 경우, 일반적으로 주위 종교단체, 통장, 복지관 등에서 동주민센터로 시설입소가 필요한 독거노인을 추천하는 경우가 많다. 동주민센터에서는 주변단체, 즉 사회단체 또는 종교단체에 연락하여 이들에게

---

2) 통합조사팀에서 조사할 수 있는 사업은 국민기초수급신규조사, 경로연금신규조사, 차상위의료특례조사 신규조사, 모자부자과정 신규조사 등이다.

시설입소에 필요한 절차와 입소과정에서의 실무적인 도움을 받는 경우도 있고, 그렇지 못할 경우에는 동주민센터 사회복지사가 직접 해당 독거노인 집을 방문하여 집안을 정리하고 짐과 함께 시설에 입소시킨다.

독거노인이 사망한 경우, 동 사회복지사가 경찰입회하에 주변 종교단체와의 협조하에 장례식장으로 연계시킨다.

2) 시설노인복지서비스 전달

노인복지회관·경로식당 등의 운영은 법적 근거에 의해 운영되며 별도의 예산으로 운영되고 있다. 군포시의 경우, 노인복지회관, 경로식당 등의 시설은 민간위탁되어 운영되고 있다. 이 때 사업자 선정은 사업계획서 제출을 통한 공개모집에 의해 이루어지며 심의위원회에서 적합자를 선정한다. 각 시설에 대한 예산지원은 노인복지팀에서 시행한다.

마. 시민사회단체와의 협력관계

군포시의 경우, 시나 동에서 노인들에게 노인복지서비스를 제공할 때 시민단체의 협조를 받는 경우는 없다. 개인적으로 방문서비스를 받고자 하는 노인의 경우, 동주민센터에 신청을 하면 동에서 자활사업참여자[3]를 연계시켜 방문서비스를 제공한다. 노인복지회관, 복지관 등의 시설 역시 시에서 민간위탁 받아 노인복지서비스를 직접 제공하므로 시민단체의 협조 또는 자원봉사자 협조는 전혀 이루어지고 있지 않다. 시설의 경우, 개별적으로 자원봉사

3) 자활사업참여자는 주로 공공근로자 성격의 기초생활수급자로서 일정액의 수고비를 받고 있다.

센터 또는 자활후견기관과 직접 연계하여 해당기관에서 추천한 자원봉사자를 활용하고 있다.

바. 지역사회복지협의체

군포시의 지역사회복지협의체는 2006년 1월 26일 대표협의체 14명이 구성되었으며 동년 2월 22일에 실무협의체가 구성되어 23명의 위원이 위촉되었다. 실무협의체는 통합서비스지원분과, 장애인분과, 노인분과, 여성가족분과, 아동청소년분과, 보건의료분과, 고용주거분과, 문화체육관광분과 등이 있으며 주요 역할은 사회복지부문의 중요사항과 사회복지계획 심의 및 자문, 사회복지 및 보건의료서비스의 민관연계 협력 등이다. 노인분과는 군포시 노인복지팀장, 대한노인회 군포지회 사무국장, 군포제일가정봉사원 파견센터, 군포시노인복지관 총괄부장, 사랑의 손길 노인복지센터 시설장으로 구성되어 있으며, 사례회의 등을 통해 노인대상자별·기능별 사업의 조사·연구·기획, 노인복지서비스연계 등의 업무를 수행하고 있다.

3. 농촌지역: 음성군을 중심으로

가. 개　　요

음성군의 2007년 10월 현재 총인구는 87,245명이며, 이 중 65세 이상 노인인구는 13,094명으로 노령화율은 15.0%이다. 65세 이상 노인인구 중 남자가 5,409명, 여자가 7,685명으로 여자 노인인구가 남자 노인인구에 비해 약 1.4배 많이 거주하고 있다(음성신문, 2007. 11. 23).

[표 3-17] 음성군 가정봉사원 파견시설 이용 현황 (단위: 명)

구 분	시 설 수	이용인원	종사자수	가정봉사원수
인 원	1	87	2	2

자료: 음성군, 통계연보, 2006.

[표 3-18] 음성군 주간보호시설 이용 현황 (단위: 명)

구 분	시 설 수	이용인원	종사자수
인 원	1	5	3

자료: 음성군, 통계연보, 2006.

재가노인복지시설은 가정봉사원파견시설, 주간보호시설, 실비주간보호시설, 단기보호시설로 구분할 수 있는데 음성군의 재가노인복지시설 이용현황을 살펴보면 다음과 같다.

가정봉사원 파견시설은 군내에 1개가 설치되어 있으며 이용인원은 87명, 종사자수는 2명 그리고 가정봉사원수는 2명이다.

한편 음성군에는 실비주간보호시설이나 단기보호시설은 설치되어 있지 않으며 주간보호시설만 1개 설치되어 있다. 주간보호시설의 이용인원은 5명, 종사자수는 3명이다.

노인주거 · 의료복지시설은 무료시설과 실비시설로 구분할 수 있다. 무료시설은 다시 양로원, 요양원, 전문요양원으로 구분되는데

[표 3-19] 음성군 무료 노인주거 · 의료복지 시설 (단위: 명)

구 분	시 설 수	입소인원	종사자수
양 로 원	1	50	12
요 양 원	1	298	72
전문요양원	1	20	10

자료: 음성군, 통계연보, 2006.

음성군의 경우 무료양로원은 1개가 설치되어 있으며 입소인원이 50명, 종사자수는 12명이다. 무료요양원 역시 1개 설치되어 있으며 입소인원은 298명, 종사자수는 72명이다. 무료전문요양원은 1개 설치되어 있으며 입소인원은 20명, 종사자수는 10명이다.

실비양로원은 3개가 설치되어 있으며 2006년 입소인원은 67명이며 종사자수는 30명이다.

한편 농촌지역인 음성의 경우, 각 시설의 이용자수 정원에 비해 실제 이용자수가 매우 적은 것을 볼 수 있는데 이는 시설이용자에 대한 사회적 편견과 가능하면 지금까지 함께 거주하던 지역의 이웃주민들과 계속하여 같이 살고 싶어하는 정서적 이유 때문이다.

나. 노인복지서비스담당 인력과 조직

음성군은 사회복지과 내에 노인복지담당(계)에서 모두 5명의 공무원이 노인복지업무를 수행하고 있으며 구체적인 업무분장을 보면 [표 3-20]과 같다.

[표 3-20] 음성군 노인복지서비스담당 인력과 업무

구 분	주요 업무
담 당	노인복지업무 총괄
사회복지 (7급)	사설묘지허가 및 납골시설 신고, 장례식장 신고, 장례식장 지도, 노인일자리 사업, 노인복지기금 관리
사회복지 (9급)	노인복지회관 운영관리, 노인여가시설 지원 및 관리, 경로연금 및 노인교통수당 지원
행정 (8급)	노인복지(생활, 재가) 시설운영 관리, 지역노인봉사대 운영, 경로식당 및 식사배달 사업
행정 (9급)	사회복지법인 허가 및 운영, 위기가정 지원업무, 긴급지원 관련 업무

다. 노인복지서비스의 주요 내용

2006년 음성군 노인관련 총예산은 8,963,369(천원)으로 주요 사업내용 및 예산현황을 살펴보면 다음과 같다. 주요 예산으로는 노인교통수당지급 1,884,000(천원), 노인요양시설운영비(꽃동네) 1,763,813(천원), 경로연금 1,069,170(천원), 경로당운영비(난방비) 479,020(천원) 등으로 편성되어 있으며 그 외 주요사업 및 예산내역은 [표 3-21]과 같다.

[표 3-21] 음성군 주요사업 및 예산(2006)

(단위: 천원)

사업 내용	예 산
경로주간행사주관(홍보, 시상금, 지원비)	39,200
노인대학운영	15,000
노인의 날 행사(시상금, 지원)	5,750
노인게이트볼대회 관련비용	5,800
노인복지교육	500
노인건강진단	1,000
경로당 가스사용 정기검사지원	7,700
짚공예 기능전승연구소 운영비	10,000
짚공예 노인솜씨 자랑대회	7,000
경로연금	1,069,170
노인교통수당 지급	1,884,000
노인교통봉사대 운영	109,440
노인전문시설운영비	772,660
노인요양시설운영비(꽃동네)	1,763,813
노인양로시설운영비(홍복)	330,943

노인건강진단사업	1,830
노인전문요양시설 위생용품 지원	12,500
재가중증질환노인 위생용품 지원	9,782
저소득재가노인 식사배달사업	108,600
경로식당 무료급식	25,800
노인건강운동생활화사업	37,900
노인일자리사업	420,608
가정봉사원파견사업	109,493
노인자율봉사활동 지원	6,000
노인주간보호사업	70,400
경로당운영비(난방비) 지원	479,020
저소득청각장애노인보청기 지원	10,000
전통예절시범사업	60,000
노인종합복지관운영비	420,000
노인전문요양시설 기능보강	300,000
경로당 심야전기보일러 실천사업	140,000
경로당신축(9개소)	450,000
경로당개보수(15개소)	225,000
효자비	45,000
합 계	8,953,369

자료: 음성군, 지역사회 복지계획, 2006.

음성군 노인복지서비스를 제도, 시설, 재가로 구분하여 보면 제도적 서비스는 노인교통수당, 경로연금, 노인일자리사업, 노인복지사업, 노인건강진단, 노인대학운영, 노인자율봉사 지원, 노인의 날 행사 지원 등이 있다. 시설노인복지서비스는 노인전문시설, 노인요양시설(꽃동네), 노인양로시설(홍복), 노인전문요양시설, 경로당

[표 3-22] 음성군 노인복지서비스 유형과 내용

제도적 노인복지 서비스	사회적 노인복지 서비스		지역특성 사업
	시설노인복지 서비스	재가노인복지 서비스	
• 경로연금 • 노인교통수당 • 노인일자리사업 • 노인복지교육 • 노인건강진단 • 노인대학운영 • 노인복지교육 • 노인자율봉사지원 • 노인의 날 행사	• 노인전문시설 운영 • 노인요양시설 운영(꽃동네) • 노인양로시설 운영(홍복) • 노인전문요양시설 운영 • 경로당 운영 • 노인복지회관 운영	• 재가중증질환 노인지원사업 • 저소득재가노인 식사배달 • 가정봉사원 파견 • 저소득청각장애노인 지원 • 노인주간보호사업	• 노인게이트볼대회 지원 • 짚공예기능전승연구소 지원 • 짚공예노인솜씨자랑대회 지원 • 노인교통봉사대 지원 • 전통예절시범사업 • 효자비건립

운영, 노인복지회관 운영에 대한 사업이다. 재가노인복지서비스는 재가중증질환노인 지원사업, 저소득재가노인 식사배달, 가정봉사원 파견, 저소득청각장애노인 지원, 노인주간보호사업 등이 있다.

이 외에도 지역특성 노인복지서비스로 노인게이트볼대회 지원, 짚공예기능전승연구소 지원, 짚공예노인솜씨자랑대회 지원, 노인교통봉사대 지원, 전통예절시범사업 지원, 효자비건립 등이 있다.

라. 노인복지서비스 전달체계[4]

독거노인 중심의 생활수급자서비스의 경우, 군의 주민생활지원과 통합조사팀에서 읍면사무소에게 생활수급자에 대한 파악을 요청한다. 읍면사무소에서는 이장 또는 사회단체 등을 통해 각 마을의 노인생활수급해당자를 파악한 후, 군청에 해당자 서류를 보내

4) 기초자치단체에서의 노인복지서비스 전달체계는 각 자치단체마다 유사하므로 군포시의 사례를 참고바랍니다.

고 이를 근거로 군에서 해당자를 결정한다. 다시 군에서 읍면사무소로 서비스결정자 명단을 보내면 읍면사무소에서는 해당자 통장에 해당 금액을 계좌이체시킨다.

이 과정에서 노인들에게 불편이 발생하는 경우가 있다. 즉, 생활수급당사자 노인 또는 주변단체에서 읍면사무소에 신청을 하면 1차적으로 읍면사무소에서 면접을 실시한 후 다시 군에서 2차 면접을 실시하여 생활수급대상자로 최종 결정한다. 이와 같은 2차에 걸친 면접과정은 거동이 불편한 노인에게 불편을 줄 수 있으므로 이들과 가장 근접해 있으면서 형편을 잘 알고 있는 읍면사무소에서의 1회 면접으로 확정하는 것이 바람직하다.

마. 시민사회단체와의 협력관계

음성군의 경우, 음성군자원봉사센터의 자원봉사자들이 군내 노인게이트볼대회, 노인의날 행사 시 음료 및 커피를 제공하거나 일손이 모자랄 경우 직접 참여하여 진행 등을 도와 주고 있다. 또한 각 리마다의 경로당 행사 시 부녀회 등이 참여하여 행사를 도와 주고 있다. 그러나 환경단체 등 시민운동단체의 적극적인 참여는 이루어지고 있지 않다.

바. 지역사회복지협의체

음성군의 지역사회복지협의체는 2007년 3월 21일 구성되었다. 대표협의체는 부군수를 위원장으로 총 14명, 실무협의체는 16명으로 구성되었으며 노인복지와 관련하여 참여한 위원은 홍복양로원 사무국장, 꽃동네노인요양원 사무국장이다.

지역사회복지협의체의 역할은 음성군 사회복지계획의 수립,

시행, 평가에 관한 사항, 지역주민의 복지요구조사, 지역 내 복지자원 조사 및 개발에 관한 사항 등을 심의하거나 군수에게 건의한다. 노인복지서비스와 관련해서는 자체적으로 향후 계획과 관련하여 1회 회의가 있었다. 음성군 역시 지역사회복지협의체는 구성되어 있으나 아직은 만족할 만한 활동은 하지 못하고 있다.

제3절 지방자치단체의 노인복지서비스의 시사점 및 문제점

1. 시 사 점

가. 인력 및 업무

대도시지역인 성동구, 중소도시지역인 군포시, 농촌지역인 음성군의 노인복지관련 부서의 인력을 비교하여 보았을 때, 성동구와 군포시, 음성군 모두 5명의 인력이 노인복지관련 업무를 수행하고 있음을 알 수 있다. 자치단체에 따라 공무원수 및 우선순위 정책에 따라 인력운용에 차이가 있을 수 있으나 도시지역과 농촌지역 모두 노인복지업무에 대한 업무비중도가 유사함을 알 수 있다.

또한 노인복지서비스업무와 관련하여 도시지역에서는 행정직 또는 사회복지직의 7급공무원이 본 업무를 수행하고 있으나 농촌지역에서는 주로 8급과 9급공무원이 노인복지서비스 업무를 수행하고 있음을 볼 때 도시지역이 농촌지역보다 노인복지에 대한 비

[표 3-23] 사례지역별·유형별 노인복지서비스 예산 비율 (단위: %)

구 분	성동구	군포시	음성군
제도노인복지서비스	74.1	54.2	41.9
시설노인복지서비스	15.8	23.9	54.7
재가노인복지서비스	6.2	21.8	3.3
기타(예비비 등)	3.9	0.1	0.1
계	100.0	100.0	100.0

중과 중요성을 상대적으로 크게 인식하고 있음을 알 수 있다.[5)]

또한 농촌지역이 도시지역에 비해 노인복지서비스 업무와 관련하여 상대적으로 노인장사 업무가 상대적으로 많은 비중을 차지하고 있음을 알 수 있다. 예를 들어 성동구의 경우 행정7급 공무원이 장사 등에 관한 업무를 수행하고 있다는 내용만 있을 뿐 보다 구체적인 사업내용에 대한 것은 언급되어 있지 않다.

그러나 음성군의 경우에는 사회복지 7급공무원이 사설묘지 허가 및 납골시설 신고, 장례식장 신고, 장례식장 지도 등에 대한 업무가 업무분장표에 분장되어 있어 노인장례 업무에 관련한 비중이 상대적으로 큼을 알 수 있다.

나. 주요 사업

사례지역의 노인복지관련 1년 예산을 서비스유형별로 분석하

5) 성동구의 경우, 팀장을 제외한 4명 중 사회복지 7급 2명, 행정 7급, 행정 9급이 노인복지서비스업무를 수행하고 있으며, 군포시 역시 팀장을 제외하고 사회복지 7급 2명, 행정 7급이 본 업무를 수행하고 있다. 음성군의 경우 사회복지 7급, 행정 8급, 행정 9급, 사회복지 9급이 각각 본 업무를 수행하고 있다. 그러나 이와 같은 것은 각 자치단체의 조직의 특성과 인력구성의 차이에 의해 나타나는 현상일 수도 있다.

였을 때, 성동구, 군포시, 음성군 모두 제도노인복지서비스 부문에 가장 많은 예산이 투입되고 있는 반면, 재가노인복지서비스 부문에 가장 적은 예산이 투입되고 있음을 알 수 있다.

또한 1년 예산을 중심으로 지역특성별 주요 추진사업을 보면 대도시일수록 제도노인복지서비스 분야에 예산투입의 비중이 큰 반면, 소도시일수록 시설노인복지서비스 분야에 대한 예산투입의 비중이 큼을 알 수 있다.

다. 노인복지서비스 전달체계

공공과 민간이 노인복지서비스 정책형성에 있어서 파트너로서의 참여보다는 공공기관은 재정지원 및 지도・감독하는 역할을 수행하고, 민간은 서비스예산을 집행하는 대행자 관계에 있는 경향이 있다.

민과 민, 관과 관, 민과 관의 연계와 협력이 부족하며, 노인복지서비스 공급주체가 다원화되어 서비스의 중복 및 누락의 문제가 발생하고 있다. 따라서 노인복지 및 보건의료서비스 제공 시설들 간의 연계를 통해 복합적인 문제를 가진 서비스대상자들에게 통합적・체계적인 서비스를 효율적으로 제공할 필요가 있다.

성동구, 군포시, 음성군 모두 지역사회복지협의체가 구성되어 있으나 아직은 일부 심의기능만 수행할 뿐 본 업무의 역할을 제대로 수행하지 못하고 있으며 구성원들이 사회복지와 무관한 지역인사가 포함되어 있는 경우가 있다.

2. 문 제 점

가. 제도적 측면

첫째, 지방자치단체의 자율성 부족이다. 일반적으로 중앙정부의 업무지침에 따라 수동적으로 지역 노인복지서비스 업무를 실시하며 자치단체에서 자율적으로 지역실정에 맞는 업무를 추진하는데 한계가 있다. 대부분 자치단체에서 경로당 사업정도만 자율적으로 운영하는 경우가 많다.

둘째, 지역특성에 따른 노인복지서비스 내용의 미흡이다. 즉, 지방자치단체에서 노인복지정책 계획수립 시 주민 및 지역내 노인복지전문가, 특히 수요자인 노인을 대상으로 의견을 수렴함이 없이 행정편의에 의해 정책을 결정하는 경우가 있다. 결과적으로 지역에서의 수요조사가 충분히 이루어지지 않아 수요예측에 따른 정책이 이루어지지 않고 이로 말미암아 정책효과가 미약한 결과를 초래하고 있다.

셋째, 노인복지서비스 전달체계의 문제이다. 지금까지의 노인복지서비스 전달체계는 상의하달식 수직적 전달체계, 즉 중앙집권적인 구조를 가지고 있어 다양한 지역사회 사회복지 욕구에 적절히 대처할 수 있는 서비스시스템의 수립이 곤란하였다. 즉 공공과 민간이 노인복지서비스 정책형성에 있어서 파트너로서의 참여보다는 공공기관은 재정지원을 하고 지도·감독하는 역할을 수행하고 민간은 서비스예산을 집행하는 종속적 대행자 관계에 가까웠다.

한편 지방자치단체의 노인복지서비스에 대한 중복행정으로 거동이 불편한 노인에게 불편을 끼치는 경우가 발생하고 있으며, 노인복지서비스 제공에 대한 홍보부족으로 실질적으로 서비스를 제공받아야 할 어려운 상태에 있는 노인들이 제외되는 경우가 있다. 또한 지역 내 지역사회복지협의체 역시 아직은 민관협의체로서 노인복지관련 기능을 제대로 수행하지 못하고 있다.

넷째, 노인복지담당이 소속된 부서가 달라 주민에게 혼란과 불편을 초래하고 있다. 즉 노인복지담당(팀, 계)이 소속된 부서가 자치단체에 따라 차이가 있어 주민 및 일부 관련자들에게 혼선을 주고 있다. 예를 들어 군포시의 경우는 여성가족정책과에 노인복지팀이 설치되어 있으며, 음성군의 경우는 사회복지과에 노인복지팀이 설치되어 있다. 또한 일부 자치단체에서는 주민생활지원과에서 노인복지업무를 담당하고 있어 지역주민들에게 혼란을 야기시키고 있으며 중앙부처에서 시달한 노인복지정책에 대해 사회복지과와 주민생활지원과에서 서로 떠넘기는 경우가 발생하여 행정의 혼란과 비효율성을 야기시키고 있다. 따라서 행정의 효율성과 주민편의를 위해 노인복지담당 소속부서의 통일이 필요하다.

다섯째, 노인복지담당공무원의 전문성 부족이다. 자치단체 및 시설 등에서 근무하고 있는 사회복지사는 계속하여 노인복지관련 업무만 수행하나 행정직 담당공무원은 인사제도에 따라 담당부서를 이동하므로 상대적으로 전문성이 낮다. 따라서 심한 경우 자치단체의 노인복지정책이 노인복지사에 의해 결정되는 현상이 나타나는 경우도 있다.

여섯째, 일부 읍면동 사회복지담당공무원의 업무과중으로 노인복지서비스전달에 어려움이 있다. 사회복지담당공무원들은 생활보호업무만으로도 과중하여 상급부서의 지시에 대해 수동적으로 보고하는 형태를 벗어나지 못하고 있다. 특히 동주민센터의 노인복지담당공무원은 경로대상자들을 대상으로 조사, 상담, 연계 업무를 수행하며 전산입력, 매월 생계비 전달 등의 업무를 수행하고 있다.

군포시의 경우 기초생활수급자는 연 4회 소득재산 상담을 실시하며, 1개 동당 1,700명~2,500명을 대상으로 교통비를 지급하며 그 밖에 신규사업도 많이 발생하고 있다. 영구임대 아파트 지역의 경우, 동의 사회복지담당 공무원 1명이 150세대에서 250세대의 기초생활수급자를 담당하고 있다. 일반적으로 1명의 사회복지담당공무원이 100세대를 담당할 때 적정서비스가 제공된다고 한다면, 일부 읍면동의 경우 업무가 과중하여 개별서비스가 어려운 경우가 발생하고 있다.

일곱째, 지역사회복지협의체의 활동 미비 및 구성원의 한계이다. 2006년 대부분의 자치단체에 지역사회복지협의체가 구성되어 있었으나 아직까지 제 역할을 수행하지 못하는 경우가 대부분이다. 중앙정부에서 본 단체의 설치목적, 기구, 활동내용 등에 대한 지침이 전달되어 협의체는 구성되었으나 지역특성에 맞는 사회복지서비스 사업계획이 수립되어 있지 못하며 설치 초기단계이긴 하지만 지역에서의 활동이 미비한 실정이다. 또한 구성원들이 본 기구의 설치 취지에 맞지 않는 인사들이 참여하는 경우가 많다. 특히 중소도시 및 농촌지역의 경우 인력풀의 한계로 지역에서 기존에 활동하던 사람들이 대거 참여하여 기존의 지역사회단체에서 활동하던 구성원과의 차별성이 없거나 사회복지와는 관련 없는 지역인사가 참여하여 새롭게 출발하는 조직의 이미지와 성격을 퇴색시키는 경우가 있다.[6] 또한 주요 사업으로 한글교실, 수지침교실 등의 프로

6) 예를 들어 한 자치단체는 지역사회복지협의체에 향토발전회장, 자치단체 번영회장, 기업대표, 미술학원장, 광고회사대표, 농장대표 등이 본 협의체의 성격

그램을 운영하여 본 협의체 설립의 근본취지에 어긋나는 사업을 시행하고 있는 경우도 있다.

여덟째, 독거노인 사고 시 대응하기가 어렵다. 대도시 아파트 지역의 독거노인의 사고 또는 사망 시, 서로 간에 교류가 없어 장기간 방치되는 경우가 발생하고 있다. 농촌지역 역시 마을에서 별도로 떨어져 사는 독거노인의 경우 이장 등의 순회가 어려워 각종 재난·사망 등 사고 시 연락이 곤란한 경우가 발생한다.

아홉째, 예산부족으로 인한 충분한 서비스 공급의 한계이다. 보건소 방문보건팀의 경우, 노인장애인 등 수요는 급증하고 있는데 반해 이들에게 제공할 물량이 부족하여 제대로 서비스를 제공하지 못하고 있다. 즉 예산 부족으로 만족할 만한 노인서비스를 제공하지 못하고 있다.

나. 운영적 측면

첫째, 낭비성 예산지원으로 생산성이 부족하다. 노인단체에 대한 예산지원의 경우, 생산성과 연계되는 예산지원보다는 소비성 예산지원이 많다. 즉 노인단체에 예산을 지급하더라도 물질적 지원 위주의 서비스 제공으로 인해 생산성의 파급효과가 없으며 소비성 지원 노인복지비용이 약 70% 정도이다. 따라서 물질적 지원 위주의 서비스보다는 삶의 질 향상을 위한 정책 및 프로그램 개발이 필요하다.

둘째, 일부계층의 노인만 노인복지혜택을 받고 있다. 대부분의 지방자치단체의 경우, 지역전체의 노인 또는 소외계층의 노인에게 예산이 지급되는 것이 아니라 단체에 속한 일부 몇 명의 노인에게

과 기능과는 전혀 관련이 없는 지역인사들이 참여하여 자리를 차지하고 있다.

만 혜택이 돌아가고 있는 경우가 있다. 즉, 경제적으로 어느 정도 여유가 있어 여가생활을 즐기는 노인, 노인회 등 노인단체에 속해 활동하고 있는 노인, 일부 지식층의 노인들은 자치단체의 노인복지 예산을 충분히 활용하여 개인적인 삶의 질 향상에 수혜를 받고 있으나 경제적으로 어려운 극빈층은 생활하기에 여념이 없으므로 자치단체의 노인복지예산을 활용하여 개인적인 삶의 질 향상을 위한 시간적인 여유도 없을 뿐만 아니라 이와 관련한 정보를 갖고 있지 못하다. 따라서 일부 경제적·시간적 여유 계층의 노인만 자치단체의 노인복지예산을 활용하고 있는 경우가 있다.

셋째, 노인복지기금 운용의 문제이다. 일부 자치단체의 경우 노인복지사업에 대한 공모를 통해 예산을 주는 것이 아니라 노인단체에서 요구하는 예산을 지급해 주고 알아서 처리하라고 하는 경우가 있다. 노인단체에서 규정을 무시하고 예산을 추가해서 쓴 경우 이를 지적하면 반발하는 경우가 있으며 일단 단체에 지급된 예산은 내 돈이라는 의식이 팽배해 있다. 관련공무원이 이와 같은 문제점에 대한 개선을 시도하나 관련단체 노인들의 반발이 심하고 자치단체장을 직접 찾아가 큰소리로 항의하므로 문제를 해결할 수 없는 경우가 발생한다.

넷째, 전시행정위주의 노인복지정책 운영이다. 실질적인 노인복지정책보다는 형식적인 성과위주의 사업추진이 주를 이루고 있다. 즉 경로당, 노인봉사대, 노인복지시설 등이 운영되고 있으나 대부분 형식적으로 운영되고 있다. 특히 도시지역의 경우 사회복지관 등의 이용이 가능하나 농촌지역은 거리상 접근성이 떨어져 이용이 불가능한 경우가 많다.

다섯째, 일부 농촌지역의 노인문화시설 부족이다. 농촌지역의 경우 노인부부 또는 독거노인이 증가하고 있고 대부분 마을회관 또는 경로당에 나가 소일하고 있으나 취미생활 또는 시간을 보낼 만한 문화시설이 없어 노인 대다수가 마을회관이나 경로당에 모여 TV시청, 잡담, 화투놀이, 술마시기 등으로 소요하고 있다. 따라서 자치단체에서 노인여가시설인 경로당 등을 활용한 새로운 프로그램의 개발은 물론 재정적·인적 지원이 필요하다.

다. 사회·인식적 측면

첫째, 노인 및 단체들의 인식부족이다. 노인들은 권리만 주장할 뿐 의무를 이행하려는 의지가 부족하다. 또한 이들이 과거 국가와 민족을 위해 헌신하고 고생한 것을 명분삼아 그리고 노인에게는 국가 및 젊은 세대가 당연히 그들을 위해 베풀어야 한다는 자기중심적인 사고방식을 가지고 일방적으로 권리만 주장하는 경우가 있다. 한편, 자원봉사에 대한 인식이 부족하여 순수한 자원봉사정신에 입각하여 일을 하기보다는 행정기관에 의존하여 이익을 얻고자 하는 경향이 있다.

둘째, 노인들의 의식부재로 인한 업무수행의 어려움이다. 일부 노인의 경우, 어르신이라는 특성 때문에 관련규정과 절차를 무시한 채 수혜만을 강하게 원하는 경향이 있다. 또한 노인 및 노인단체들이 주장하는 민원을 처리하다 보면 실질적인 노인복지업무를 수행하지 못하는 경우가 발생한다. 기초자치단체는 노인복지서비스의 실천에 치중해야 하나 이들 민원관련 업무에 시간을 낭비함으로 인해 양질의 노인복지서비스 업무를 실천하지 못하는 경우가 있다.

한편 일부 노인 중에는 법을 악용한 민원인, 또는 치매, 알코올

중독자들이 공공기관을 파손하거나 주위 사람들에게 행패를 부려 업무에 방해가 되는 경우가 자주 발생한다. 시군구청이나 읍면동과 같은 일선행정기관에서는 이들의 이와 같은 행태가 노인문제의 가장 큰 문제 중의 하나로 인식하고 있으며, 업무가 방해됨에도 불구하고 어르신이라는 이유로 인해 강제적으로 제재할 수 있는 행정조치 또는 공권력을 발휘하기가 어려워 커다란 어려움을 겪고 있다.

셋째, 노인복지에 대한 인식부족이다. 일부 지방자치단체장의 경우 보다 가시적이고 현시적인 개발사업 등을 통해 지역주민들에게 공과를 평가받고 싶은 욕망을 가지고 있다. 예산담당자 역시 사회복지에 대한 의식이 부족한 경우가 많아 정책의 우선순위에서 밀려 충분한 예산확보가 어려운 경우가 있다. 지역주민 역시 노인문제에 대한 인식이 부족한 경우가 있는데 노인문제를 단순히 가정에서 해결해야 할 문제로 생각하는 경향이 있으며 내 집안에 노인관련 문제가 없으면 별 관심을 갖지 않는다.

넷째, 지역 시민운동단체와의 협조체제 부족이다. 대부분의 자치단체의 경우, 기존의 사회단체 및 종교단체, 부녀회 등을 중심으로 한 조직은 지역 내 사회적 약자, 즉 노인, 장애인, 청소년, 거주외국인 문제 등에 대해 관심을 가지고 이들을 위한 활동에 적극적이다. 그러나 1980년대 이후 민주화 운동과 관련하여 새롭게 탄생한 시민운동단체들은 국가적·지역적 차원의 제도적인 문제나 환경문제 등에 많은 관심을 가지고 적극 대응하는 반면, 지역내에서의 어려운 상황을 극복하기 위한 현장참여를 통한 자원봉사활동이나 사회복지 차원의 문제해결을 위한 접근에는 상대적으로 소극적인 경향을 보여 왔다. 따라서 자치단체에서 노인복지서비스를 포함한 사회복지 관련 자원봉사활동을 할 경우 시민운동단체와의 협조 및 공조가 거의 이루어지지 않고 있다. 따라서 지역 시민운동단체들도 지역에서의 환경지키기운동 등과 같은 지역사회운동도 중요하지만 지역소외계층을 위한 봉사단체로의 방향 전환이 이루어져야 할 것이다.

다섯째, 노인단체의 압력단체화이다. 민선 자치단체장 시대 이후 노인단체들이 점차 이익단체, 압력단체화되고 있으며 자기들의 주장이 관철되지 않을 경우 실무자를 거치지 않고 직접 자치단체장을 방문하여 의사전달을 하는 경우가 많다. 노인의 경우 우선 지역 내 어르신이고 선거에서 표를 얻을 수 있는 유용한 수단이 되므로 담당자의 입장에서 볼 때 불합리한 면이 있음에도 불구하고 자치단체장이 이들의 의견을 수용하여 관련 사업에 대해 재검토 지시를 함으로써 시간낭비, 행정의 낭비를 초래하고 있다. 또한 이러한 결과로 인해 목소리 큰 단체가 더 많은 예산을 확보하는 경우가 발생하는 악순환이 발생한다.

여섯째, 노인계층의 양극화 현상이다. 노인 중에는 부유층과 빈곤층이 있어 전자는 행정기관에서 시행하고 있는 노인복지서비스제도를 통해 여유로운 여가와 혜택을 받고자 하며 노인관련 단체에 가입하여 의견을 제시하고 단체 활동을 통해 이익을 추구한다. 반면 상대적 빈곤층 노인은 병들고 능력과 여유 부족으로 행정기관에 의견제시조차 못하는 경우가 많다. 따라서 행정기관에서는 여유있는 일반 노인계층에 대한 서비스도 중요하지만 향후 상대적 빈곤노인, 상대적 소외계층 노인에 대해 관심을 가지고 이들에 대한 서비스를 개발하여 제공할 필요가 있다.

제4장

의식조사 및 분석

제1절 조사설계

중앙정부 및 지방자치단체에서 노인복지서비스정책을 강화하는 최종적인 목적은 결국 노인들에게 최고 품질의 서비스를 제공하여 만족도를 제고시키는 것이다. 따라서 본 장에서는 중앙정부 및 지방자치단체에서 제공하는 노인복지서비스에 대해 실질적인 수요자인 노인들은 어떻게 생각하고 있으며 어느 정도 만족하고 있는가를 측정해 보았다. 한편 노인뿐만 아니라 지방자치단체 현장에서 노인복지서비스를 공급하고 있는 관계자를 대상으로 이들이 생각하는 지방자치단체의 노인복지서비스 실태에 대한 의식조사를 실시해 그 결과를 분석하였다. 즉, 노인복지서비스의 수요자인 노인과 공급자인 노인복지업무담당자 양측의 의식조사 결과를 통해 지방자치단체의 노인복지서비스의 문제점과 시사점을 도출해 그 결과를 토대로 개선방안을 제시하고자 한다. 조사대상 모집단은 대도시지역, 중소도시지역, 농촌지역으로 구분하여 조사하였다. 대도시지역은 서울의 성동구를, 중소도시지역은 경기도 군포시, 농촌지역은 충청북도 음성군을 대상지역으로 하여 해당 지역 노인 및 전문가[1])를 중심으로 의식조사를 실시하였다. 단, 대도시인 서울시 성동구의 시설서비스에 대한 의식조사의 경우 성동구내 시설수가 부족하여 성동구외에 강동구 양로원, 서초구 노인복지회관, 은평구의 양로원을 방문하여 각 시설을 이용하고 있는 노인들을 대상으로 의식조사를 실시하였다.

조사대상 모집단은 노인의 경우 1개 자치단체별로 각 유형에 따라 제도, 시설, 재가 등 3개 분야에 각각 105명씩 총 315부의 설문지를 발송하여 조사하였으며 이를 3개 자치단체별로 볼 때 총 945개의 설문을 발송하여 조사를 실시하였다. 전문가 그룹의 경우 역시 1개 자치단체당 105명을 대상으로 조사하였으며 3개 자치단체를 합하였을 경우 총 315명을 대상으로 조사하였다.[2])

설문지회수율은 서울시 노인의 경우 제도 및 재가, 시설 3개 분야 합하여 총 272매가 회수되어 86.3%, 전문가그룹은 68매가 회수되어 64.8%의 회수율을 보였다. 군포시는 노인의 경우 제도 및 재가, 시설 3개 분야 합하여 272매가 회수되어 86.3%, 전문가그룹은 85매가 회수되어 81.0%의 회수율을 보였다. 음성군은 노인의 경우 3개 분야 모두 합하여 292매가 회수되어 92.7%, 전문가그룹은 97매가 회수되어 92.4%의 회수율을 보였다. 각 자치단체별 및 분야별 구체적인 회수율은 [표 4-1]과 같다.

1) 전문가집단은 각 지방자치단체의 사회복지과 및 주민생활지원과에서 근무하고 있는 공무원, 읍면동의 노인복지담당공무원 또는 사회복지사, 각 시설에서 노인들을 대상으로 일하고 있는 사회복지사, 보건소에서 노인복지서비스 업무를 수행하고 있는 담당공무원을 대상으로 하였으며, 이들을 총칭 '전문가' 그룹으로 분류하였다.

2) 전문가그룹은 제도, 시설, 재가의 유형별 구분 없이 자치단체의 노인복지서비스에 대한 일반적인 현황에 대해 조사하였다.

[표 4-1] 각 자치단체별 설문조사 회수율 (단위: 명, %)

<table>
<tr><th colspan="3">자치단체</th><th>조사자수</th><th>회수매수</th><th>회수율(회수/발송)×100</th><th>평균 회수율</th></tr>
<tr><td rowspan="4">서울</td><td rowspan="3">노인</td><td>제도</td><td>105</td><td>87</td><td>82.9</td><td rowspan="3">86.3</td></tr>
<tr><td>시설</td><td>105</td><td>98</td><td>93.3</td></tr>
<tr><td>재가</td><td>105</td><td>87</td><td>82.9</td></tr>
<tr><td colspan="2">전문가</td><td>105</td><td>68</td><td>64.8</td><td>-</td></tr>
<tr><td rowspan="4">군포</td><td rowspan="3">노인</td><td>제도</td><td>105</td><td>96</td><td>91.4</td><td rowspan="3">86.3</td></tr>
<tr><td>시설</td><td>105</td><td>80</td><td>76.2</td></tr>
<tr><td>재가</td><td>105</td><td>96</td><td>91.4</td></tr>
<tr><td colspan="2">전문가</td><td>105</td><td>85</td><td>81.0</td><td>-</td></tr>
<tr><td rowspan="4">음성</td><td rowspan="3">노인</td><td>제도</td><td>105</td><td>98</td><td>93.3</td><td rowspan="3">92.7</td></tr>
<tr><td>시설</td><td>105</td><td>97</td><td>92.4</td></tr>
<tr><td>재가</td><td>105</td><td>97</td><td>92.4</td></tr>
<tr><td colspan="2">전문가</td><td>105</td><td>97</td><td>92.4</td><td>-</td></tr>
</table>

조사는 각 자치단체별로 8월 27일부터 9월 15일까지 실시되었다. 조사방법은 연구진이 직접 설문조사표를 가지고 자치단체를 방문하여 조사를 실시하였다. 공무원 및 사회복지사 등 전문가그룹은 각 자치단체의 노인복지담당 공무원에게 조사협조를 부탁하여 설문지를 배포하여 조사를 하였다. 노인의 경우 시설과 관련한 조사는 각 시설을 연구진이 방문하여 노인들에게 설명한 후 작성하도록 하였다. 제도 및 재가는 각 자치단체의 읍면동별 노인복지담당 공무원 또는 사회복지사, 보건소 노인복지담당공무원이 가가호호 방문하여 설문조사를 실시하였다.

제도 및 재가는 주로 가정의 노인을 대상으로 조사하기 때문

[표 4-2] 설문항목의 구성(1): 노인 대상

<table>
<tr><th colspan="2" rowspan="2">설문항목</th><th colspan="3">설문내용</th></tr>
<tr><th>제 도</th><th>시 설</th><th>재 가</th></tr>
<tr><td>개인 사항</td><td>주민 (노인)</td><td>• 성별/연령</td><td>• 성별/연령</td><td>• 성별/연령</td></tr>
<tr><td colspan="2">노인복지 서비스 의식</td><td>• 현재 받고 있는 서비스
• 현재 받고 있는 서비스에 대한 만족도
- 노인교통서비스에 대한 만족도
- 경로연금서비스에 대한 만족도
• 현재 받고 있는 제도노인복지서비스에 대해 만족하는 이유
• 향후 받고 싶은 노인복지서비스(제도)
• 자치단체의 노인복지서비스 수행 만족도(제도)
• 노인복지서비스 수혜의 형평성 여부(제도)
• 혜택이 골고루 전달되지 못하는 이유</td><td>• 현재 받고 있는 서비스
• 노인복지관서비스에 대한 만족도
• 양로원서비스에 대한 만족도
• 향후 받고 싶은 서비스
• 자치단체의 노인복지서비스 수행 만족도(시설)
• 시설노인복지서비스 수혜의 형평성 여부
• 시설노인복지서비스가 형평성 있게 전달되지 못하는 이유</td><td>• 현재 받고 있는 재가서비스
• 현재 받고 있는 서비스에 대한 만족도(재가)
- 가정봉사원 파견 서비스 만족도
- 무료급식서비스에 만족도
• 현재 받고 있는 재가노인복지서비스에 만족하는 이유(재가)
• 향후 받고 싶은 노인복지서비스(재가)
• 자치단체의 노인복지서비스 수행 만족도(재가)
• 노인복지서비스 수혜의 형평성 여부(재가)
• 향후 받고 싶은 재가서비스</td></tr>
</table>

에 하나의 설문서에 두 유형에 대한 질문을 함께 하였다. 따라서 1명의 응답자가 두 종류의 질문에 응답하였으므로 두 유형의 응답자수가 동일하다. 또한 이와 함께 연구진은 자치단체의 사회복지과의 노인복지담당공무원, 각 시설의 사회복지사, 보건소의 노인담당

[표 4-3] 설문항목의 구성(2): 전문가 대상

<table>
<tr><th colspan="2">설문항목</th><th>설문내용</th></tr>
<tr><td>개인
사항</td><td>전문가</td><td>• 성별/연령/근무처</td></tr>
<tr><td colspan="2">노인복지
서비스
의식</td><td>• 현재 지방자치단체의 노인복지서비스의 좋은점
• 지방자치단체 노인복지서비스의 문제점
• 지방자치단체 노인복지서비스의 나아가야 할 방향
• 노인복지서비스 전달에서의 문제점
• 지방자치단체의 관심과 지원이 필요한 부문
• 노인복지서비스 수혜의 형평성 여부
• 노인복지서비스가 형평성 있게 전달되고 있지 못한 이유
• 시민단체 및 자원봉사자와의 협력관계
• 시민단체 및 자원봉사자의 참여가 부족한 이유
• 현재 노인들의 가장 큰 문제점
• 현재 노인들에게 가장 필요한 서비스
- 제도서비스
- 시설서비스
- 재가서비스
• 10~20년 후 노인에게 필요한 서비스
- 제도서비스
- 시설서비스
- 재가서비스</td></tr>
</table>

공무원과의 면담을 실시하여 지방자치단체의 노인복지서비스에 대한 현황과 문제점을 파악하였다.

조사 항목은 개인사항과 각 자치단체의 노인복지서비스에 대한 의식으로 구분하여 조사하였으며 그 내용은 [표 4-2], [표 4-3]과 같다.

수집된 자료는 EXCEL과 SPSS 12.0프로그램을 사용하여 기초통계분석 및 분산분석을 하였다.

제2절 노인의식 조사 및 분석

지방자치단체에서 추진되고 있는 노인복지서비스에 대한 실수요자인 노인들의 반응을 알아보기 위해 설문조사를 통해 의식조사를 실시하였다. 조사내용은 제도, 시설, 재가분야로 유형을 구분하여 조사하였으며 회수 설문내용 중 유의미한 것만을 선택하여 그 결과를 분석하였다. 제도노인복지서비스에 대한 유의미한 설문수는 서울 87개, 군포 96개, 음성 98개로 총 281개이며, 시설관련 노인복지서비스에 대한 유의미한 설문수는 서울 98개, 군포 80개, 음성 97개로 모두 합하여 275개이다. 재가는 일반 가정에 있는 노인들이 받고 있는 서비스이므로 제도관련 노인복지서비스와 함께 하나의 설문지에 질문내용만 구분하여 동일한 노인에게 조사를 하였으므로 제도와 재가는 응답자수가 동일하며 총 281개 설문수를 분석하였다.

1. 인구통계학적 분석

가. 제도·재가노인복지서비스 응답자

1) 성 별

제도 및 재가노인복지서비스 분야 분석에 사용된 전체응답자의 특성을 분석한 결과는 [표 4-4]와 같다. 총응답자 281명 중 남성이 85명으로 30.2%를 차지하고 있다. 여성은 168명으로 59.8%를 차지하고 있으며 그 밖에 무응답자수가 28명으로 10.0%를 차지하

[표 4-4] 제도 · 재가노인복지서비스 응답자 성별 구분

구 분	서 울		군 포		음 성		합 계	
	빈도 (명)	비율 (%)	빈도 (명)	비율 (%)	빈도 (명)	비율 (%)	빈도 (명)	비율 (%)
① 남성	20	22.9	18	18.8	47	48.0	85	30.2
② 여성	65	74.7	57	59.4	46	46.9	168	59.8
③ 무응답	2	2.3	21	21.9	5	5.1	28	10.0
계	87	100.0	96	100.0	98	100.0	281	100.0

고 있다.

2) 연 령

연령별로는 총 281명 중 70대가 45.2%로 가장 높은 비율을 차지하고 있으며, 80대가 21.4%, 60대가 12.1%를 차지하고 있어 고령화 현상의 한 단면을 보여주고 있다.

[표 4-5] 제도 · 재가노인복지서비스 응답자 연령별 분포

구 분	서 울		군 포		음 성		합 계	
	빈도 (명)	비율 (%)	빈도 (명)	비율 (%)	빈도 (명)	비율 (%)	빈도 (명)	비율 (%)
① 50대	1	1.1	-	-	1	1.0	2	0.7
② 60대	12	14.9	6	6.3	16	16.3	34	12.1
③ 70대	31	35.6	41	42.7	55	56.1	127	45.2
④ 80대	31	35.6	19	19.8	10	10.2	60	21.4
⑤ 90대 이상	6	6.9	1	1.0	1	1.0	8	2.8
⑥ 무응답	6	6.9	29	30.2	15	15.3	50	17.8
계	87	100.0	96	100.0	98	100.0	281	100.0

[표 4-6] 시설노인복지서비스 응답자 성별

구 분	서 울		군 포		음 성		합 계	
	빈도 (명)	비율 (%)	빈도 (명)	비율 (%)	빈도 (명)	비율 (%)	빈도 (명)	비율 (%)
① 남성	40	40.8	44	55.0	35	36.1	119	43.3
② 여성	55	56.1	29	36.3	54	55.7	138	50.2
③ 무응답	3	3.1	7	8.8	8	8.2	18	6.5
계	98	100.0	80	100.0	97	100.0	275	100.0

나. 시설분야

1) 성 별

시설노인복지서비스 분석에 사용된 전체자료의 응답자 275명의 성별 분포를 보면 [표 4-6]과 같다. 43.3%인 119명이 남성, 50.2%인 138명이 여성이다. 그 외 무응답자가 6.5%인 18명이다.

2) 연 령

시설노인복지서비스 분석에 사용된 전체자료의 응답자 275명을 연령대별로 보면 70대가 39.6%로 가장 많고, 이어서 60대가 25.1%, 80대가 17.5%를 차지하고 있다([표 4-7] 참조).

[표 4-7] 시설노인복지서비스 응답자 연령분포

구 분	서 울		군 포		음 성		합 계	
	빈도 (명)	비율 (%)	빈도 (명)	비율 (%)	빈도 (명)	비율 (%)	빈도 (명)	비율 (%)
① 50대 이하	3	3.1	1	1.3	1	1.0	5	1.8
② 60대	40	40.8	10	12.5	19	19.6	69	25.1
③ 70대	38	38.8	40	50.0	31	32.0	109	39.6

④ 80대	7	7.1	14	17.5	27	27.8	48	17.5
⑤ 90대 이상	-	-	-	-	8	8.2	8	2.9
⑥ 무응답	10	10.2	15	18.8	11	11.3	36	13.1
계	98	100.0	80	100.0	97	100.0	275	100.0

2. 노인복지서비스 유형별 분석

가. 제도적 노인복지서비스

1) 현재 받고 있는 서비스(제도)

제도적 노인복지서비스와 관련하여 현재 노인들이 받고 있는 서비스를 질문한 결과 서울, 군포, 음성지역 모두 '노인교통비' 서비스를 가장 많이 받고 있음을 알 수 있다(151명, 53.7%). 두 번째는 경로연금으로 61명이 응답하고 있으며 21.7%를 차지하고 있다. 그러나 경로연금은 지역에 따라 약간의 차이를 보이고 있는데 대도시지역인 서울과 중소도시지역인 군포는 노인교통비에 이어 두 번째로 경로연금서비스를 받고 있는데 비해 농촌지역인 음성은 일자리사업서비스를 받고 있는 것으로 나타나고 있다. 세 번째는 서울과 군포 모두 노인일자리사업이며 음성은 경로연금서비스이다. 도시지역에 비해 농촌지역이 상대적으로 노인일자리사업서비스를 더 많이 받고 있음을 알 수 있으며 결과적으로 도시지역이 농촌지역에 비해 노인일자리사업서비스가 미흡하다는 것을 보여주고 있다([표 4-8] 참조).

[표 4-8] 현재 받고 있는 서비스(제도)

구 분	서 울		군 포		음 성		합 계	
	빈도 (명)	비율 (%)	빈도 (명)	비율 (%)	빈도 (명)	비율 (%)	빈도 (명)	비율 (%)
① 노인일자리 사업	3	3.4	9	9.4	15	15.3	27	9.6
② 경로연금	30	34.5	24	25.0	7	7.1	61	21.7
③ 노인교통비	45	51.7	42	43.8	64	65.3	151	53.7
④ 기타 다른 경로우대 서비스	2	2.3	4	4.2	2	2.0	8	2.8
⑤ 노인학대예방센터 이용	-	-	3	3.1	-	-	3	1.0
⑥ 노인복지기금으로부터의 지원	-	-	7	7.3	3	3.1	10	3.6
⑦ 기타 (무응답)	7	8.0	7	7.3	7	7.1	21	7.5
계	87	100.0	96	100.0	98	100.0	281	100.0

2) 현재 받고 있는 서비스에 대한 만족도(제도)

현재 노인들이 받고 있는 제도서비스에 대한 만족도를 묻는 질문에 대해 총 151명이 응답하고 있다. 그중 대표적인 것을 살펴보면 다음과 같다.

① 노인교통서비스에 대한 만족도

'노인교통비' 서비스에 대해 긍정적인 면(매우 만족, 만족)과 부정적인 면(매우 불만족, 불만족)에 대한 만족도가 거의 비슷하다. 즉 긍정적인 응답은 전체응답자의 35.8%로 나타나고 있다. 도시지역인 서울과 군포는 상대적으로 긍정적인 응답이 많은 반면(서울:

[표 4-9] 노인교통비서비스에 대한 만족도

구 분	서 울		군 포		음 성		합 계	
	빈도 (명)	비율 (%)	빈도 (명)	비율 (%)	빈도 (명)	비율 (%)	빈도 (명)	비율 (%)
① 매우 만족	2	2.3	12	12.5	3	3.1	17	11.3
② 만족	16	18.4	7	7.3	14	14.3	37	24.5
③ 불만족	15	17.2	6	6.3	21	21.4	42	27.8
④ 매우 불만족	2	2.3	5	5.2	7	7.1	14	9.3
⑤ 그저 그렇다	10	11.4	12	12.5	19	19.4	41	27.2
계	45	51.7	42	43.8	64	65.3	151	100.0

20.7%, 군포 : 19.8%), 농촌지역인 음성은 상대적으로 부정적인 응답(28.5%)이 긍정적인 응답(17.4%)에 비해 높게 나타나고 있다. 이러한 결과로 볼 때 노인교통비서비스에 대한 만족도는 도시지역 노인이 농촌지역 노인에 비해 높은 것을 알 수 있다([표 4-9] 참조).

② 경로연금서비스에 대한 만족도

경로연금에 대해서는 전체적으로 부정적인 응답(21.3%)에 비

[표 4-10] 경로연금서비스에 대한 만족도

구 분	서 울		군 포		음 성		합 계	
	빈도 (명)	비율 (%)	빈도 (명)	비율 (%)	빈도 (명)	비율 (%)	빈도 (명)	비율 (%)
① 매우 만족	4	4.6	7	7.3	-	-	11	18.0
② 만족	12	13.8	5	5.2	3	3.1	20	32.8
③ 불만족	4	4.6	5	5.2	2	2.0	11	18.0
④ 매우 불만족	2	2.3	-	-	-	-	2	3.3
⑤ 그저 그렇다	8	9.1	7	7.3	2	2.0	17	27.9
계	30	34.5	24	25.0	7	7.1	61	100.0

해 긍정적인 응답(50.8%)이 2배 이상 높으며. 지역별로 볼 때 대도시거주 노인일수록 만족도가 높음을 알 수 있다.

3) 현재 받고 있는 노인복지서비스에 대해 만족하는 이유(제도)

노인들에게 만약 현재 받고 있는 서비스에 대해 만족한다면 그 이유를 묻는 질문에 대해 ‘업무담당자의 친절’, ‘서비스가 실질적으로 노인들에게 혜택이 많은 점’, 그리고 ‘제공되는 서비스의 내용이 좋다’는 결과가 도출되었다. 각 사례지역별로 보다 구체적으로 살펴보면, 서울의 경우 ‘업무담당자가 친절해서’(19.5%, 17명), ‘실질적으로 혜택이 많아서’(18.4%, 16명) 순으로 답변하고 있으며, 군포는 ‘업무담당자가 친절해서’(21.9%, 21명), ‘서비스의 내용이 좋아서’(13.5%, 13명)라고 답하고 있다. 음성은 ‘실질적으로 혜택이 많아서’(15.3%,

[표 4-11] 현재 받고 있는 제도적 노인복지서비스에 대해 만족하는 이유

구 분	서 울		군 포		음 성		합 계	
	빈도(명)	비율(%)	빈도(명)	비율(%)	빈도(명)	비율(%)	빈도(명)	비율(%)
① 업무담당자가 친절해서	17	19.5	21	21.9	7	7.1	45	16.0
② 실질적으로 혜택이 많아서	16	18.4	12	12.5	15	15.3	43	15.3
③ 서비스의 내용이 좋아서	6	6.9	13	13.5	10	10.2	29	10.3
④ 서비스를 쉽게 받을 수 있어서	9	10.3	9	9.4	5	5.1	23	8.2
⑤ 기타(무응답)	39	44.8	41	42.7	61	62.3	141	50.2
계	87	100.0	96	100.0	98	100.0	281	100.0

15명), '서비스의 내용이 좋아서'(10.2%, 10명)라고 답하고 있다.

이와 같은 결과로 볼 때, 대도시 거주지역 노인일수록 노인복지업무담당자의 친절과 서비스에 대한 만족도가 높음을 알 수 있으며, 소도시지역 거주노인일수록 노인복지서비스의 혜택이 많고 서비스의 내용이 좋아서 만족하고 있음을 알 수 있다.

4) 향후 받고 싶은 제도적 노인복지서비스

제도적 노인복지서비스와 관련하여 향후 받고 싶은 노인복지

[표 4-12] 향후 받고 싶은 노인복지서비스(제도)

구 분	서 울		군 포		음 성		합 계	
	빈도(명)	비율(%)	빈도(명)	비율(%)	빈도(명)	비율(%)	빈도(명)	비율(%)
① 노인일자리 사업	7	8.0	4	4.2	15	15.3	26	9.2
② 경로연금	26	29.9	26	27.1	47	48.0	99	35.2
③ 노인교통비	3	3.4	8	8.3	2	2.0	13	4.6
④ 기타 다른 경로우대 서비스	7	8.0	6	6.3	5	5.1	18	6.4
⑤ 노인학대 예방센터 이용	-	-	5	5.2	-	12.2	5	1.8
⑥ 노인복지 기금으로부터의 지원	13	14.9	14	14.6	12	2.0	39	13.9
⑦ 기타 (무응답)	31	35.6	33	34.4	17	17.3	81	28.8
계	87	100.0	96	100.0	98	100.0	281	100.0

서비스를 묻는 질문에 대해 노인들이 받고 싶어 하는 서비스로 공통적으로 '경로연금'을 가장 많이 원하고 있다. 그 밖에 도시지역(서울 및 군포)에 거주하는 노인들은 '노인복지기금으로부터의 지원'을 희망한 반면, 농촌지역에 거주하는 노인들은 '노인일자리사업'에 대한 서비스 지원을 원하고 있다.

5) 자치단체의 노인복지서비스 수행만족도(제도 · 재가)[3)]

현재 거주하고 있는 자치단체에서 노인복지서비스를 잘 수행하고 있는가를 묻는 질문에 총 응답자 281명 중 70.1%인 197명이 '그렇다'라고 긍정적으로 답하고 있으며, 17.8%인 50명이 '아니다'라고 부정적으로 답하고 있다. 따라서 대부분의 노인들은 거주 지역 자치단체의 제도 및 재가 노인복지서비스 제공에 대해 긍정적으로 평가하고 있음을 알 수 있다.

[표 4-13] 자치단체의 노인복지서비스 수행만족도(제도 · 재가)

구 분	서 울		군 포		음 성		합 계	
	빈도(명)	비율(%)	빈도(명)	비율(%)	빈도(명)	비율(%)	빈도(명)	비율(%)
① 그렇다	67	77.0	55	57.3	75	76.5	197	70.1
② 아니다	12	13.8	22	22.9	16	16.3	50	17.8
③ 기타(무응답)	8	9.2	19	19.8	7	7.1	34	12.1
계	87	100.0	96	100.0	98	100.0	281	100.0

3) 다음의 ⑤⑥번 문제에 대한 설문 및 분석은 제도 및 재가 노인복지서비스 응답자에게 공통적인 질문사항이며 하나의 설문지에 제도와 재가 두 유형의 질문내용으로 구분하여 한 사람에게 질문하였으므로 제도와 재가 응답자수는 동일하다.

6) 노인복지서비스의 형평성 있는 수혜 정도(제도·재가)

해당 자치단체에서 시행하고 있는 제도 및 재가 노인복지서비스가 지역의 모든 노인들에게 혜택이 골고루 전달되고 있는지를 묻는 질문에 대해 총 응답자의 32.7%인 92명이 '그렇다'라고 답하고 있는 반면, 53.7.%인 151명은 '아니다'라고 답하고 있다. 따라서 많은 노인들은 지역내 모든 노인들에게 제도 및 재가 노인복지서비스가 형평성있게 전달되지 못하고 있다고 생각하고 있음을 볼 수 있다. 이와 같은 인식은 대도시지역에 거주하는 노인일수록 크며 이는 대도시 거주지역 노인일수록 제도 및 재가 노인복지서비스 수혜의 형평성에 불만이 많음을 말해주고 있다.

[표 4-14] 노인복지서비스의 형평성있는 수혜 정도(제도 · 재가)

구 분	서 울		군 포		음 성		합 계	
	빈도(명)	비율(%)	빈도(명)	비율(%)	빈도(명)	비율(%)	빈도(명)	비율(%)
① 그렇다	37	42.5	31	32.3	24	24.5	92	32.7
② 아니다	42	48.3	45	46.9	64	65.3	151	53.7
③ 기타(무응답)	8	9.2	20	20.8	10	10.2	38	13.6
계	87	100.0	96	100.0	98	100.0	281	100.0

앞에서 노인복지서비스의 형평성있는 전달에 대해 '부정적'으로 답한 응답자들을 대상으로 그 이유를 물어 본 결과, 총 응답자 151명의 32.4%가 '노인복지서비스내용에 대한 홍보가 제대로 되지 않아 본 제도에 대해 노인들이 몰라서'라고 답변하고 있다. 두 번째로 10.6%가 '노인복지기관의 수가 부족해서'라고 답하고 있다.

이와 같은 결과를 볼 때 자치단체에서 노인복지서비스 제공에 대한 홍보가 제대로 이루어지고 있지 않음을 볼 수 있으며 노인복지관이나 양로원 등 노인복지시설을 확충할 필요성이 있음을 알 수 있다([표 4-15] 참조).

[표 4-15] 노인들에게 혜택이 골고루 전달되지 못하는 이유(제도 · 재가)

구 분	서 울		군 포		음 성		합 계	
	빈도(명)	비율(%)	빈도(명)	비율(%)	빈도(명)	비율(%)	빈도(명)	비율(%)
① 노인복지기관의 수가 부족해서	4	9.2	3	7.3	9	14.3	16	10.6
② 노인복지서비스 내용에 대한 홍보가 제대로 되지 않아 본 제도에 대해 노인들이 몰라서	11	25.3	11	24.0	27	41.8	49	32.4
③ 일부 시설이용의 경우 노인들이 지불해야 하는 비용부담이 커서	2	4.6	7	14.6	3	5.1	12	7.9
④ 노인들이 적극적으로 자신들의 이익을 찾으려고 하지 않아서	-	-	3	6.3	2	3.1	5	3.3
⑤ 일부 노인단체가 혜택을 독점하고 있어서	3	5.7	1	3.1	2	3.1	6	4.0
⑥ 기타(무응답)	22	55.2	20	44.8	21	32.7	63	41.7
계	42	10.0	45	100.0	64	100.0	151	100.0

나. 시설노인복지서비스4)

1) 현재 받고 있는 서비스

현재 어떠한 시설노인복지서비스를 받고 있느냐는 질문에 대해 전체적으로 '노인복지관'을 이용하는 노인들이 가장 많았으며(52.4%), 다음으로 '노인요양시설'을 이용하고 있다(20.7%)는 응답이었다. 지역별로 보면 서울 및 군포의 경우, '노인복지관' 이용률이 가장 높았으며(서울: 77.6%, 군포: 85.0%), 음성의 경우 '노인요양시설'의 이용률이 가장 높았다(57.7%). 따라서 도시지역의 노인은 주

[표 4-16] 현재 받고 있는 시설노인복지서비스

구 분	서 울		군 포		음 성		합 계	
	빈도 (명)	비율 (%)	빈도 (명)	비율 (%)	빈도 (명)	비율 (%)	빈도 (명)	비율 (%)
① 양로원	7	6.4	-	-	37	38.1	44	16.0
② 노인요양시설	1	0.9	-	-	56	57.7	57	20.7
③ 노인전문병원	5	4.5	-	-	-	-	5	1.8
④ 노인복지관	76	77.6	68	85.0	-	-	144	52.4
⑤ 경로당(마을회관)	1	1.0	2	2.5	-	-	3	1.1
⑥ 노인학교	4	4.1	7	8.8	-	-	11	4.0
⑦ 노인복지주택	1	1.0	2	2.5	-	-	3	1.1
⑧ 기타(무응답)	2	2.0	1	1.3	4	4.1	7	2.5
계	98	100.0	80	100.0	97	100.0	275	100.0

4) 시설관련 노인복지서비스에 대한 의식조사의 경우, 자치단체 내 모든 시설이용자들을 대상으로 조사하는 것이 타당하나 자치단체 내에 없는 시설이나 일부 해당 시설에서 설문조사 협조가 이루어지지 않아 일부 시설은 조사가 이루어지지 못했다.

로 '노인복지관'을 이용하는 반면 농촌지역은 '노인요양시설'을 이용하는 경향이 높음을 알 수 있다([표 4-16] 참조).

2) 현재 받고 있는 서비스에 대한 만족도(시설)

현재 노인들이 받고 있는 시설서비스에 대해 노인복지관 이용자와 양로원이용자들을 중심으로 만족도를 살펴보았다.[5]

① 노인복지관서비스에 대한 만족도

노인복지관서비스에 대한 만족도를 보면 총 응답자 144명 중 '매우 만족'과 '만족'한다고 긍정적으로 답한 비율이 87.4%로서, 응답자의 대부분이 노인복지관 서비스에 대해 만족하고 있음을 알 수 있다.

[표 4-17] 노인복지관 서비스에 대한 만족도

구 분	서 울		군 포		합 계	
	빈도(명)	비율(%)	빈도(명)	비율(%)	빈도(명)	비율(%)
① 매우 만족	20	20.4	11	13.8	31	21.5
② 만족	49	50.0	46	57.5	95	65.9
③ 불만족	2	2.0	5	6.3	7	4.9
④ 매우 불만족	-	-	1	1.3	1	0.7
⑤ 그저 그렇다	5	5.1	5	6.3	10	6.9
계	76	77.6	68	85.0	144	100.0

5) 음성의 경우 노인복지관에서의 설문조사 협조가 이루어지지 않아 제외되었으며, 양로원시설 이용에 대한 만족도조사 역시 군포에는 양로원시설이 없어 본 내용에서는 제외되었다.

[표 4-18] 양로원 서비스에 대한 만족도

구 분	서 울		음 성		합 계	
	빈도 (명)	비율 (%)	빈도 (명)	비율 (%)	빈도 (명)	비율 (%)
① 매우 만족	3	3.1	12	12.4	15	34.1
② 만족	2	2.0	19	19.6	21	47.7
③ 불만족	3	2.0	-	-	3	6.8
④ 매우 불만족	-	-	-	-	-	-
⑤ 그저 그렇다	-	-	6	6.2	6	13.6
계	7	7.1	37	38.1	44	100.0

② 양로원서비스에 대한 만족도

양로원시설 이용에 대한 만족도를 묻는 질문에 대해 총 응답자 44명의 81.8%인 36명이 긍정적으로 답변하고 있다. 따라서 양로원을 이용하고 있는 대부분의 노인들은 양로원의 서비스에 대해 만족하고 있음을 알 수 있다.

3) 향후 받고 싶은 서비스(시설)

향후 노인들이 받고 싶은 시설관련 노인복지서비스를 묻는 질문에 대해 서울 및 군포의 경우 '노인복지관' 및 '노인전문병원'에 대한 노인복지서비스를 희망하고 있는 반면, 음성의 경우 '노인요양시설'과 '양로원'에 대한 서비스를 희망하고 있는 것으로 나타났다. 지역적으로 살펴보면 서울은 노인복지관(27.6%, 27명) · 노인전문병원(13.3%, 13명)이며, 군포는 노인복지관(28.8%, 23명) · 노인전문병원(12.5%, 10명), 음성은 노인요양시설(24.7%, 24명) · 양로원(8.2%, 8명)이다.

[표 4-19] 향후 받고 싶은 서비스(시설)

구 분	서 울		군 포		음 성		합 계	
	빈도(명)	비율(%)	빈도(명)	비율(%)	빈도(명)	비율(%)	빈도(명)	비율(%)
① 양로원	3	3.1	3	3.8	8	8.2	14	5.1
② 노인요양시설	7	7.1	4	5.0	24	24.7	35	12.7
③ 노인전문병원	13	13.3	10	12.5	5	5.2	28	10.2
④ 노인복지관	27	27.6	23	28.8	-	-	50	18.2
⑤ 경로당(마을회관)	1	1.0	1	1.3	2	2.1	4	1.8
⑥ 노인학교	7	7.1	5	6.3	1	1.0	13	4.7
⑦ 노인복지주택	9	9.2	5	6.3	3	3.1	17	6.2
⑧ 기타(무응답)	31	31.6	29	36.3	54	55.7	114	41.4
계	98	100.0	80	100.0	97	100.0	275	100.0

4) 자치단체의 노인복지서비스 수행 만족도(시설)

자치단체의 시설노인복지서비스 제공에 대한 만족도를 묻는 질문에 대해 총 응답자 275명의 68.4%가 '그렇다'라고 답하고 있어 노인들이 느끼고 있는 자치단체의 시설노인복지서비스 제공에 대한 만족도는 매우 높은 것으로 나타나고 있다.

[표 4-20] 자치단체의 노인복지서비스 수행 만족도(시설)

구 분	서 울		군 포		음 성		합 계	
	빈도(명)	비율(%)	빈도(명)	비율(%)	빈도(명)	비율(%)	빈도(명)	비율(%)
① 그렇다	62	63.3	44	55.0	82	84.5	188	68.4
② 아니다	24	24.5	29	36.3	8	8.2	61	22.2
③ 기타(무응답)	12	12.2	7	8.8	7	7.2	26	9.4
계	98	100.0	80	100.0	97	100.0	275	100.0

5) 노인복지서비스의 형평성 있는 수혜 정도(시설)

자치단체에서 제공하고 있는 시설노인복지서비스가 지역에 사는 모든 노인에게 형평성 있게 혜택을 받고 있는가에 대해 총 응답자 275명의 58.1%가 '그렇다'라고 응답하고 있다. 따라서 사례지역 응답자 노인의 과반수 이상은 시설노인복지서비스에 대한 혜택이 형평성 있게 전달되고 있다고 평가하고 있음을 알 수 있다. 지역별로 보면 도시지역에 비해 농촌지역에 거주하고 있는 노인이 상대적으로 긍정적으로 평가하고 있음을 알 수 있다.

[표 4-21] 노인복지서비스의 형평성 있는 수혜 정도(시설)

구 분	서 울		군 포		음 성		합 계	
	빈도(명)	비율(%)	빈도(명)	비율(%)	빈도(명)	비율(%)	빈도(명)	비율(%)
① 그렇다	48	49.0	34	42.5	78	80.4	160	58.1
② 아니다	37	37.8	34	42.5	12	12.4	83	30.2
③ 기타(무응답)	13	13.3	12	15.0	7	7.2	32	11.6
계	98	100.0	80	100.0	97	100.0	275	100.0

6) 시설노인복지서비스가 형평성 있게 수혜되지 못하는 이유

시설노인복지서비스가 형평성 있게 수혜되지 못하고 있다고 응답한 83명을 대상으로 그 이유를 물었을 때, 응답자의 31.3%가 '노인복지시설수가 부족해서'라고 답하고 있다. 두 번째로는 '노인복지서비스내용에 대한 홍보가 제대로 되지 않아 본 제도에 대해 노인들이 몰라서'라고 응답한 수가 14.5%를 차지하고 있다. 따라서 노인들은 자치단체 내 노인복지시설이 부족하다고 생각하고 있음을 알 수 있다.

[표 4-22] 시설복지서비스가 형평성 있게 수혜되지 못하는 이유

구 분	서 울		군 포		음 성		합 계	
	빈도(명)	비율(%)	빈도(명)	비율(%)	빈도(명)	비율(%)	빈도(명)	비율(%)
① 노인복지시설수가 부족해서	7	19.4	7	21.3	1	8.3	26	31.3
② 노인복지서비스내용에 대한 홍보가 제대로 되지 않아 본 제도에 대해 노인들이 몰라서	8	20.4	5	13.8	4	33.3	12	14.5
③ 일부 시설이용의 경우 노인들이 지불해야 하는 비용부담이 커서	1	3.1	5	15.0	2	16.6	8	9.6
④ 노인들이 적극적으로 자신들의 이익을 찾으려고 하지 않아서	1	3.1	3	7.5	1	8.3	4	4.8
⑤ 일부 노인단체가 혜택을 독점하고 있어서	1	1.0	-	-	-	-	1	0.4
⑥ 기타(무응답)	19	53.1	14	42.5	4	21.4	37	44.5
계	37	100.0	34	100.0	12	100.0	83	100.0

다. 재가노인복지서비스

1) 현재 받고 있는 서비스(재가)

재가노인복지서비스와 관련하여 노인들이 현재 받고 있는 서비스를 질문한 결과 총 응답자수 281명의 21.7%가 '가정봉사원파견' 서비스를 받고 있으며, 다음으로 20.9%가 '무료급식' 서비스를 받고 있는 것으로 나타났다. 지역적으로 보면 서울거주 노인은 '가정봉사원파견' 서비스를 제공받고 있는 수혜자수가 다른 서비스 수혜자수에 비해 월등히 많으며, 군포와 음성에 거주하는 노인은 '무

[표 4-23] 현재 받고 있는 서비스(재가)

구 분	서 울		군 포		음 성		합 계	
	빈도(명)	비율(%)	빈도(명)	비율(%)	빈도(명)	비율(%)	빈도(명)	비율
① 노인돌보미 서비스이용권	5	5.7	6	6.3	7	7.1	18	6.4
② 가정봉사원파견 (가사지원서비스)	45	51.7	13	13.5	3	3.1	61	21.7
③ 노인수발보험	1	1.1	6	6.3	2	2.0	9	3.2
④ 노인주간보호	3	3.4	5	5.2	2	2.0	10	3.6
⑤ 노인단기보호	5	5.7	2	2.1	1	1.0	8	2.8
⑥ 무료급식사업	15	17.2	23	24.0	21	21.4	59	20.9
⑦ 치매상담센터	-	-	1	1.0	-	-	1	0.4
⑧ 기타(무응답)	13	14.9	40	41.7	62	63.3	115	40.9
계	87	100.0	96	100.0	98	100.0	281	100.0

료급식사업' 서비스를 가장 많이 받고 있는 것으로 나타났다. 전체적으로 3개 지역에서 공통적으로 고른 서비스를 받고 있는 재가서비스는 '무료급식사업'이다.

2) 현재 받고 있는 재가서비스에 대한 만족도

① 가정봉사원파견 서비스에 대한 만족도

현재 받고 있는 재가서비스 중 '가정봉사원파견' 서비스를 받고 있는 61명을 대상으로 서비스에 대한 만족도를 물어본 결과, 75.4%가 긍정적으로 답하고 있다. 따라서 '가정봉사원파견' 서비스에 대한 노인들의 만족도는 대체적으로 높은 것으로 나타나고 있다.

[표 4-24] 가정봉사원파견 서비스(가사지원서비스)에 대한 만족도

구 분	서 울		군 포		음 성		합 계	
	빈도(명)	비율(%)	빈도(명)	비율(%)	빈도(명)	비율(%)	빈도(명)	비율(%)
① 매우 만족	9	10.3	2	2.1	-	-	11	18.0
② 만족	28	32.2	5	5.2	2	2.0	35	57.4
③ 불만족	1	1.1	2	2.1	1	1.0	4	6.6
④ 매우 불만족	3	3.4	-	-	-	-	3	4.9
⑤ 그저 그렇다	4	4.5	4	4.1	-	-	8	13.1
계	45	51.7	13	13.5	3	3.1	61	100.0

② 무료급식서비스에 대한 만족도

'무료급식' 서비스를 받고 있는 59명을 대상으로 이에 대한 만족도 분석결과, '매우 만족'과 '만족'의 긍정적인 평가를 하고 있는 노인은 총 응답자의 66.1%이다. 따라서 '무료급식' 서비스를 받는 노인의 대부분이 본 서비스에 대해 만족하고 있음을 알 수 있다.

[표 4-25] 무료급식서비스에 대한 만족도

구 분	서 울		군 포		음 성		합 계	
	빈도(명)	비율(%)	빈도(명)	비율(%)	빈도(명)	비율(%)	빈도(명)	비율(%)
① 매우 만족	2	2.3	12	12.5	3	3.1	17	28.8
② 만족	9	10.3	6	6.3	7	7.1	22	37.3
③ 불만족	2	2.3	-	-	3	3.1	5	8.5
④ 매우 불만족	-	-	-	-	-	-	-	-
⑤ 그저 그렇다	2	2.3	5	5.2	8	8.1	15	25.4
계	15	17.2	23	24.0	21	21.4	59	100.0

3) 향후 받고 싶은 재가서비스

노인들이 향후 받고 싶은 재가노인복지서비스로는 공통적으로 '가정봉사원파견' 서비스를 선호하고 있으며, 군포 및 음성지역의 노인은 '무료급식사업'에 대한 서비스를 선호하고 있다. 반면, 서울의 경우 '노인수발보험'에 대한 노인복지서비스를 원하고 있다. 대도시 일수록 '가정봉사원파견' 서비스 등 집에서 받는 서비스를 선호하고 있음을 알 수 있으며, 농촌지역의 경우 '무료급식사업' 서비스 등 생계와 관련한 서비스를 원하고 있음을 알 수 있다.

[표 4-26] 향후 받고 싶은 재가서비스

구 분	서 울		군 포		음 성		합 계	
	빈도(명)	비율(%)	빈도(명)	비율(%)	빈도(명)	비율(%)	빈도(명)	비율(%)
① 노인돌보미 서비스 이용권	3	3.4	7	7.3	8	8.2	18	6.4
② 가정봉사원 파견	17	19.5	12	12.5	9	9.2	38	13.5
③ 노인수발보험	9	10.3	6	6.3	2	2.0	17	6.0
④ 노인주간보호	4	4.6	6	6.3	4	4.1	14	5.0
⑤ 노인단기보호	1	1.1	6	6.3	2	2.0	9	3.2
⑥ 무료급식사업	8	9.2	8	8.3	10	10.2	26	9.3
⑦ 치매상담센터	2	2.3	2	2.1	7	7.1	11	3.9
⑧ 기타(무응답)	43	49.4	49	51.1	4	4.1	96	34.1
계	87	100.0	96	100.0	98	100.0	281	100.0

제3절 전문가의식 조사 및 분석

지방자치단체에서 수행하고 있는 노인복지서비스를 실질적으로 담당하고 있는 공무원과 사회복지사를 대상으로 이들의 의견을 조사하여 분석을 하였다. 조사대상은 사례지역 자치단체 본청의 노인복지팀이 속해 있는 사회복지 관련부서, 주민생활지원과, 보건소의 노인복지담당 공무원, 읍면동의 노인담당공무원(사회복지사), 각 시설에서 노인복지서비스를 담당하고 있는 노인복지사이다. 수혜자인 노인의 의견도 중요하지만 서비스공급자인 노인복지업무담당자의 의식조사를 통해 보다 정확한 지방자치단체의 노인복지서비스의 문제점을 도출하고 이를 통해 시사점을 제시하였다. 분석이 가능한 응답자는 서울 68명, 군포 85명, 음성 97명 등 총 250명으로 이들의 의견을 종합·분석하였다.

1. 인구통계학적 분석

가. 성 별

노인복지서비스 분석에 사용된 전문가 응답자 총 250명의 성별은 남성이 35.6%인 89명, 여성이 63.6%인 159명이며 무응답이 0.8%인 2명이다.

[표 4-27] 전문가 성별분포

구 분	서 울		군 포		음 성		합 계	
	빈도 (명)	비율 (%)	빈도 (명)	비율 (%)	빈도 (명)	비율 (%)	빈도 (명)	비율 (%)
① 남성	16	23.5	31	36.5	42	43.3	89	35.6
② 여성	52	76.5	53	62.4	54	55.7	159	63.6
③ 무응답	-	-	1	1.2	1	1.0	2	0.8
계	68	100.0	85	100.0	97	100.0	250	100.0

나. 전문가 응답자 연령별 분포

전문가 총 응답자 250명의 응답분포 비율을 보면 20대가 22.8%로 57명, 30대가 42.4%로 106명, 50대가 4.8%로 12명, 무응답이 1.6%로 4명이다.

[표 4-28] 전문가 연령별 분포

구 분	서 울		군 포		음 성		합 계	
	빈도 (명)	비율 (%)	빈도 (명)	비율 (%)	빈도 (명)	비율 (%)	빈도 (명)	비율 (%)
① 20대	24	35.5	16	8.8	17	17.5	57	22.8
② 30대	24	35.5	41	48.2	41	42.3	106	42.4
③ 40대	19	27.9	24	28.2	28	28.9	71	28.4
④ 50대	1	1.5	2	2.4	9	9.3	12	4.8
⑤ 무응답	-	-	2	2.4	2	2.1	4	1.6
계	68	100.4	85	100.0	97	100.0	250	100.0

다. 전문가 근무처

총 응답자 250명의 근무처를 분석해 보면, 시군구청 근무자가 56.4%인 141명, 읍면사무소 및 동주민센터 근무자가 31.6%인 79명, 시설 근무자가 6.4%인 16명이다. 그 외 기타 및 무응답자가 4.4%인 11명이다.

[표 4-29] 전문가 근무처

구 분	서 울		군 포		음 성		합 계	
	빈도(명)	비율(%)	빈도(명)	비율(%)	빈도(명)	비율(%)	빈도(명)	비율(%)
① 시·군·구청	25	36.8	44	51.8	72	74.2	141	56.4
② 읍·면·동 사무소	43	63.2	19	22.4	17	17.5	79	31.6
③ 보건소	-	-	1	1.2	2	2.1	3	1.2
④ 시설	-	-	16	18.8	-	-	16	6.4
⑤ 기타	-	-	4	4.7	4	4.1	8	3.2
⑥ 무응답	-	-	1	1.2	2	2.1	3	1.2
계	68	100.0	85	100.0	97	100.0	250	100.0

2. 노인복지서비스 내용 분석

가. 현재 지방자치단체 노인복지서비스의 긍정적인 점

현재 지방자치단체에서 수행하고 있는 노인복지서비스의 긍정적 측면에 대해 조사한 결과 사례지역의 모든 응답자가 공통적으로 '수혜대상이 많다'에 가장 많이 답하고 있다. 두 번째로 도시지

[표 4-30] 현재 지방자치단체 노인복지서비스의 긍정적인 점

구 분	서 울		군 포		음 성		합 계	
	빈도 (명)	비율 (%)	빈도 (명)	비율 (%)	빈도 (명)	비율 (%)	빈도 (명)	비율 (%)
① 수혜대상이 많다	39	57.4	38	44.7	34	35.1	111	44.4
② 노인복지서비스의 질이 높다	-	-	6	7.1	19	19.6	25	10.0
③ 접근성이 용이하다	5	7.4	13	15.3	30	30.9	48	19.2
④ 비용이 저렴하다	17	25.0	23	27.1	10	10.3	50	20.0
⑤ 이용하는 서비스 시설이 좋다	3	4.4	4	4.7	3	3.1	10	4.0
⑥ 기타(무응답)	4	5.8	1	1.2	1	1.0	6	2.4
계	68	100.0	85	100.0	97	100.0	250	100.0

역인 서울 및 군포의 경우 '노인복지서비스에 대한 비용 저렴'을 현재 제공되는 서비스의 장점으로 생각하고 있으며, 농촌지역인 음성의 경우 '노인복지서비스의 접근성 용이'라는 점을 긍정적으로 답하고 있다([표 4-30] 참조).

나. 지방자치단체 노인복지서비스의 문제점

우리나라 지방자치단체의 노인복지서비스의 문제점에 대해 대도시지역과 소도시지역 간에 서로 다른 인식을 가지고 있음을 알 수 있다. 즉, 서울의 경우 '담당공무원의 수적인 부족 및 업무과중'이라는 서비스의 외형적이며 구조적인 측면(hardware)의 문제점이 지적되었다면, 군포 및 음성의 경우 '노인복지프로그램의 미비'에 대한 서비스의 질적인 측면(software)의 문제점을 제시하고 있다. 모든 지역 응답자가 공통적으로 지적하는 노인복지서비스의 문제

[표 4-31] 지방자치단체 노인복지서비스의 문제점

구 분	서 울		군 포		음 성		합 계	
	빈도 (명)	비율 (%)	빈도 (명)	비율 (%)	빈도 (명)	비율 (%)	빈도 (명)	비율 (%)
① 전달체계의 비효율성	15	22.1	8	9.4	21	21.6	44	17.6
② 노인복지 프로그램의 미비	12	17.6	35	41.2	33	34.0	80	32.0
③ 재정적 어려움 (예산부족)	15	22.1	29	34.1	24	24.7	68	27.2
④ 담당공무원의 수적인 부족 및 업무과중	25	36.8	13	15.3	19	19.6	57	22.8
⑤ 담당공무원의 전문성 부족	1	1.5	-	-	-	-	1	0.4
⑥ 기타(무응답)	-	-	-	-	-	-	-	
계	38	100.0	85	100.0	97	100.0	250	100.0

점으로는 ‘재정적 어려움(예산부족)’을 제시하고 있어 현재 제공되는 서비스와 관련하여 경제적인 면에서 문제가 있음을 알 수 있다([표 4-31] 참조).

다. 노인복지서비스의 나아 갈 방향

향후 지방자치단체의 노인복지서비스가 나아 갈 방향에 대하여 3개 지역에서 공통적으로 ‘노인복지서비스 내용의 다양화’를 지적하여 서비스의 질적 만족도 향상에 초점을 두고 있다. 그 밖에 서울 및 음성의 전문가 집단은 ‘전달체계의 개선’이 우선적인 노인복지서비스의 나아가야 할 방향으로 지적하였으며, 군포의 경우 ‘담당자의 전문성 제고’ 및 ‘노인복지시설에 대한 지원강화’, 즉 질적인 측면과 양적인 측면의 노인복지서비스 강화를 제시하였다([표

[표 4-32] 지방자치단체 노인복지서비스의 나아 갈 방향

구 분	서 울		군 포		음 성		합 계	
	빈도(명)	비율(%)	빈도(명)	비율(%)	빈도(명)	비율(%)	빈도(명)	비율(%)
① 수혜대상의 확대	2	2.9	10	11.8	17	17.5	29	11.6
② 담당자의 전문성 제고	9	13.2	16	18.8	10	10.3	35	14.0
③ 노인복지지설에 대한 지원강화	10	14.7	16	18.8	8	8.2	34	13.6
④ 전달체계의 개선	20	29.4	13	15.3	18	18.6	51	20.4
⑤ 노인복지서비스 내용의 다양화	27	39.7	29	34.1	44	45.4	100	40.0
⑥ 기타(무응답)	-	-	1	1.2	-	-	1	0.4
계	68	100.0	85	100.0	97	100.0	250	100.0

4-32] 참조).

라. 지역에서 노인복지서비스 전달의 문제점

현재 노인복지서비스 전달의 문제점에 대해서는 공통적으로 '정확한 서비스 수혜대상자 파악이 어려워 진짜 서비스를 받아야 할 노인이 혜택을 받지 못하는 경우 발생'을 지적하고 있다. 두 번째로는 서울 및 군포의 경우 '읍면동 사회복지담당공무원의 업무과중'을 지적하고 있으며, 음성의 경우 '노인단체 등에 대한 낭비성 예산 지원'을 지적하고 있다.

[표 4-33] 노인복지서비스 전달의 문제점

구 분	서 울		군 포		음 성		합 계	
	빈도 (명)	비율 (%)	빈도 (명)	비율 (%)	빈도 (명)	비율 (%)	빈도 (명)	비율 (%)
① 보건복지부와 행정자치부에서 모두 관여하고 있어 행정의 비효율성 발생	8	11.8	10	11.8	12	12.4	30	12.0
② 정확한 서비스 수혜대상자 파악이 어려워 진짜 서비스를 받아야 할 노인이 혜택을 받지 못하는 경우 발생	23	33.8	50	58.8	41	42.3	114	45.6
③ 노인단체 등에 낭비성 예산지원	2	2.9	9	10.6	18	18.6	29	11.6
④ 읍면동 사회복지담당 공무원의 업무과중	31	45.6	10	11.8	10	10.3	51	20.4
⑤ 예산부족으로 충분한 서비스 제공하지 못함	3	4.4	4	4.7	14	14.4	21	8.4
⑥ 기타(무응답)	1	1.5	2	2.4	2	2.1	5	2.0
계	68	100.0	85	100.0	97	100.0	250	100.0

마. 지방자치단체의 관심과 지원이 필요한 부문

제도·재가·시설의 3개 분야 중 지방자치단체에서 가장 중점적으로 관심을 가지고 지원이 필요한 부문에 대해 3개 지역 응답자 모두 '고령보험 및 일자리 창출 등과 같은 제도적 노인복지서비스'에 답하고 있다. 이와 같은 경향은 특히 음성과 같은 농촌지역에서 근무하고 있는 전문가 집단에서의 요구가 많음을 알 수 있다. 두

[표 4-34] 지방자치단체의 관심과 지원이 필요한 부문

구 분	서 울		군 포		음 성		합 계	
	빈도(명)	비율(%)	빈도(명)	비율(%)	빈도(명)	비율(%)	빈도(명)	비율(%)
① 재가노인복지 서비스	27	39.6	27	31.8	21	21.6	75	30.0
② 시설노인복지 서비스	5	7.4	14	16.5	8	8.2	27	10.8
③ 제도적 노인복지 서비스(고령보험 및 일자리 창출 등)	36	53.0	43	50.6	68	70.1	147	58.8
④ 기타(무응답)	-	-	1	1.2	-	-	1	0.4
계	68	100.0	85	100.0	97	100.0	250	100.0

번째로는 3개 지역 응답자 모두 재가노인복지서비스에 대한 지원과 관심을 요구하고 있다.

바. 노인복지서비스 수혜의 형평성 여부

1) 노인복지서비스 수혜의 형평성 여부

‘자치단체에서 노인복지서비스가 지역의 모든 노인에게 골고루 혜택이 전달되고 있느냐’는 질문에 대해 총 응답자 250명의 81.6%인 204명이 ‘아니다’라고 응답하고 있어 자치단체 내에서 노인복지서비스가 모든 노인에게 균형있게 전달되지 못하고 있음을 보여주고 있다.

[표 4-35] 노인복지서비스 수혜의 형평성 여부(전문가)

구 분	서 울		군 포		음 성		합 계	
	빈도(명)	비율(%)	빈도(명)	비율(%)	빈도(명)	비율(%)	빈도(명)	비율(%)
① 그렇다	8	11.8	30	35.3	7	7.2	45	18.0
② 아니다	60	88.2	55	64.7	89	91.8	204	81.6
③ 기타(무응답)	-	-	-	-	1	1.0	1	0.4
계	68	100.0	85	100.0	97	100.0	250	100.0

2) 노인복지서비스가 형평성있게 전달되고 있지 못한 이유

노인복지서비스가 지역노인들에게 형평성있게 전달되고 있지 않다고 응답한 204명에게 그 이유를 질문한 결과, 총 응답자 204명 중 26.5%가 '노인복지서비스내용에 대한 홍보가 제대로 되지 않아 본 제도에 대해 노인들이 몰라서'라고 답하고 있다. 두 번째로는 총 응답자의 25.9%가 '노인들이 적극적으로 자신들의 이익을 찾으려고 하지 않아서'라고 답하고 있다. 이를 3개 지역별로 보면 도시지역인 서울과 군포는 '노인복지서비스내용에 대한 홍보가 제대로 되지 않아 본 제도에 대해 노인들이 몰라서'를 첫 번째로 지적한 반면, 음성은 '노인들이 적극적으로 자신들의 이익을 찾으려고 하지 않아서'를 첫 번째로 지적하고 있다. 도시지역에서는 자치단체의 홍보에 문제가 있다고 보는 반면 농촌지역에서는 노인들의 적극적인 참여의식에 문제가 있다고 보고 있다.

한편 서울의 경우 '노인복지시설수 부족', 군포의 경우 '노인들이 적극적으로 자신들의 이익을 찾으려고 하지 않음'을, 음성은 '노인복지서비스내용에 대한 홍보가 제대로 되지 않아 본 제도에 대해 노인들이 몰라서'를 각각 두 번째로 지적하고 있어 서울지역과

[표 4-36] 노인복지서비스가 형평성 있게 전달되고 있지 못한 이유

구 분	서 울		군 포		음 성		합 계	
	빈도(명)	비율(%)	빈도(명)	비율(%)	빈도(명)	비율(%)	빈도(명)	비율(%)
① 노인복지시설의 수가 부족해서	12	22.1	3	4.7	4	5.2	24	9.3
② 노인복지서비스내용에 대한 홍보가 제대로 되지 않아 본 제도에 대해 노인들이 몰라서	14	25.0	21	29.4	19	22.7	64	26.5
③ 일부 시설이용의 경우 노인들이 지불해야 하는 비용부담이 커서	10	19.1	2	3.5	7	8.2	24	9.3
④ 노인들이 적극적으로 자신들의 이익을 찾으려고 하지 않아서	2	4.4	13	20.0	38	47.4	66	25.9
⑤ 일부 노인단체가 혜택을 독점하고 있으므로	2	4.4	6	8.2	6	8.2	18	6.9
⑥ 기타(무응답)	15	25.0	24	34.2	6	8.2	54	22.1
계	55	100.0	69	100.0	80	100.0	204	100.0

군포 및 음성지역 간에 인식의 차이가 있음을 알 수 있다.

사. 시민단체 및 자원봉사자와의 협력관계

1) 시민단체 및 자원봉사자와의 협력관계

현재 노인복지서비스와 관련하여 시민단체 및 지역주민의 자원봉사참여가 잘 이루어지고 있는지에 대해 총 응답자 250명의 61.6%인 154명이 '아니다'라고 답하고 있다. 이러한 결과로 볼 때 지역에서 노인복지서비스 수행과 관련하여 주민들과의 협력관계가

[표 4-37] 시민단체 및 자원봉사자와의 협력관계

구 분	서 울		군포		음 성		합 계	
	빈도(명)	비율(%)	빈도(명)	비율(%)	빈도(명)	비율(%)	빈도(명)	비율(%)
① 그렇다	20	29.4	50	58.8	23	23.7	93	37.2
② 아니다	48	70.6	35	41.2	71	73.2	154	61.6
③ 기타(무응답)	-	-	-	-	3	3.1	3	1.2
계	68	100.0	85	100.0	97	100.0	250	100.0

원활하게 이루어지고 있지 않음을 알 수 있다.

2) 자원봉사가 잘 이루어지고 있지 않는 이유

시민단체 및 지역주민의 자원봉사 참여가 잘 이루어지고 있지 않다고 응답한 154명을 대상으로 다시 그 이유를 물은 결과 '시민단체 또는 지역주민의 노인문제에 대한 관심이 부족함'을 3개 지역에서 공통으로 지적하고 있다. 특히, 군포 및 음성의 경우 서울지역과는 달리 '지방자치단체의 지역 내 노인문제에 대한 홍보가 부족함'을 지적하여 지방자치단체가 노인복지서비스에서 시민사회단체 및 지

[표 4-38] 자원봉사가 잘 이루어지고 있지 않는 이유

구 분	서 울		군 포		음 성		합 계	
	빈도(명)	비율(%)	빈도(명)	비율(%)	빈도(명)	비율(%)	빈도(명)	비율(%)
① 시민사회단체 또는 지역주민의 노인문제에 대한 관심이 부족하여	14	32.4	12	23.5	32	51.5	58	37.7
② 지방자치단체의 지역 내 노인문제에 대한 홍보가 부족하여	2	5.9	6	10.6	7	12.4	15	9.7

③ 지역 내에 노인을 위한 자원봉사제도가 없어서	5	11.8	1	1.2	4	7.2	10	6.5
④ 일부 노인단체가 혜택을 독점하고 있으므로	7	16.2	2	3.5	2	3.1	11	7.1
⑤ 기타(무응답)	14	33.8	31	61.2	15	25.8	60	38.9
계	42	100.0	52	100.0	60	100.0	154	100.0

역주민의 자원봉사 참여에 적극적인 홍보를 하지 않고 있음을 지적하고 있다. 반면, 서울의 경우, 일부 노인단체가 독점적 혜택을 누림으로 인해 이에 대한 거부감으로 참여를 하고 있지 않음을 알 수 있다.

아. 현재 노인들의 가장 큰 문제점

현재 우리나라 노인들이 겪는 가장 큰 문제점에 대해 응답자의 41.6%인 104명이 '사회적 소외 · 외로움'을 첫 번째로, 두 번째로

[표 4-39] 현재 노인들의 가장 큰 문제점

구 분	서 울		군 포		음 성		합 계	
	빈도(명)	비율(%)	빈도(명)	비율(%)	빈도(명)	비율(%)	빈도(명)	비율(%)
① 건강문제	8	11.8	19	22.4	3	3.1	30	12.0
② 경제적 어려움	38	55.9	35	41.2	23	23.7	96	38.4
③ 사회적 소외/외로움(독거 및 부부만 생활)	18	26.5	26	30.6	60	61.9	104	41.6
④ 가족간 갈등(부모학대 등)	2	2.9	3	3.5	10	10.3	15	6.0
⑤ 기타(무응답)	2	3.0	2	3.0	1	1.0	5	2.0
계	68	100.0	85	100.0	97	100.0	250	100.0

38.4%가 '경제적 어려움'에 답하고 있다. 도시지역인 서울과 군포의 응답자는 '경제적 어려움을' 첫 번째 문제로, '사회적 소외 · 외로움'을 두 번째 문제로, '건강문제'를 세 번째로 지적하고 있으나 농촌지역인 음성은 '사회적 소외 · 외로움', '경제적 어려움', '가족 간 갈등'순으로 지적하고 있다. 이와 같은 결과는 도시지역은 농촌지역보다 일자리 구하기가 힘들어 노후의 경제적 문제를 가장 크게 지적하고 있는 반면, 농촌은 대부분의 노인이 농사를 짓고 있으므로 경제적 문제보다는 자녀들의 도시지역으로의 진출로 인해 독거노인 또는 노인부부만 살고 있어 외로움을 가장 큰 문제로 지적하고 있다. 한편 응답자들은 도시지역 노인들은 농촌지역 노인들보다 건강문제에, 농촌지역은 부모학대 등 가족 간 갈등문제에 대해 문제점이 있다고 답하고 있다.

자. 현재 노인들에게 가장 필요한 복지서비스

제도적 노인복지서비스, 시설노인복지서비스, 재가노인복지서비스 등 세 분야별로 현재의 노인들에게 가장 필요한 서비스에 대해 조사하였다.

첫째, 제도적 서비스에 대한 응답자의 분석결과는 다음과 같다. 제도적 노인복지서비스의 경우, 총 응답자 250명의 63.6%인 159명이 '노인일자리사업'이라고 답하고 있어 국가 및 지방자치단체에서 노인의 경제문제와 관련하여 가장 시급하면서도 관심을 가져 줄 필요가 있는 것이 노인복지서비스임을 알 수 있다. 두 번째는 26.8%가 '경로연금서비스'라고 답하고 있어 노인들이 실질적으로 본 서비스에 많은 도움을 받고 있음은 물론 확대 필요성을 시사하고 있다.

한편 지역적으로 볼 때, 도시지역인 서울 및 군포의 경우 '노인일자리사업'이 노인들에게 가장 필요한 복지서비스라고 응답한 반면, 음성의 경우 '경로연금'에 대해 응답하고 있다. 이와 같은 결과는 농촌지역 노인들의 경우 대부분 농사를 짓고 있어 일자리 걱정은 도시지역보다 상대적으로 덜함을 말해주고 있으며, 실질수요자인 농촌지역 거주 노인들의 의식과는 다소 차이가 있음을 보여주고 있다.

[표 4-40] 제도적 노인복지서비스 중 가장 필요한 서비스

구 분	서 울		군 포		음 성		합 계	
	빈도(명)	비율(%)	빈도(명)	비율(%)	빈도(명)	비율(%)	빈도(명)	비율(%)
① 노인일자리사업	59	86.8	62	72.9	38	39.2	159	63.6
② 경로연금	6	8.8	11	12.9	50	51.5	67	26.8
③ 노인교통비	-	-	1	1.2	4	4.1	5	2.0
④ 기타 다른 경로우대 서비스	-	-	2	2.4	2	2.1	4	1.6
⑤ 노인학대예방센터 이용	-	-	2	2.4	-	-	2	0.8
⑥ 노인복지기금으로부터의 지원	1	1.5	5	5.9	-	-	6	2.4
⑦ 기타(무응답)	2	2.9	2	2.4	3	3.1	7	2.8
계	68	100.0	85	100.4	97	100.0	250	100.0

둘째, 시설노인복지서비스에 대한 분석결과는 다음과 같다. 시설노인복지서비스 중 가장 필요한 서비스에 대해 총 응답자 250명의 38.0%인 90명이 '노인전문병원'을 첫 번째로 지적하고 있으며, 두 번째로 32.4%가 '노인요양시설'에 답하고 있다.

지역적으로 볼 때 서울은 '노인요양시설', '노인전문병원' 순이며, 군포와 음성은 '노인전문병원', '노인요양시설' 순으로 답하고 있

[표 4-41] 시설노인복지서비스 중 가장 필요한 서비스

구 분	서 울		군 포		음 성		합 계	
	빈도 (명)	비율 (%)	빈도 (명)	비율 (%)	빈도 (명)	비율 (%)	빈도 (명)	비율 (%)
① 양로원	4	5.9	7	8.2	10	10.3	21	8.4
② 노인요양시설	37	54.4	26	30.6	18	18.6	81	32.4
③ 노인전문병원	18	26.5	29	34.1	43	44.3	90	36.0
④ 노인복지관	1	1.5	5	5.9	16	16.5	22	8.8
⑤ 경로당(또는 마을 회관)	1	1.5	-	-	1	1.0	2	0.8
⑥ 노인학교	3	4.4	2	2.4	1	1.0	6	2.4
⑦ 노인복지주택	2	2.9	14	16.5	2	2.1	18	7.2
⑧ 기타(무응답)	2	2.9	2	2.4	6	6.2	10	4.0
계	68	100.0	85	100.0	97	100.0	250	100.0

다. 결과적으로 '노인전문병원' 및 '노인요양시설'이 가장 필요한 시설노인복지서비스라고 응답하고 있어 이에 대한 기반시설의 확충이 절실함을 보여주고 있다.

셋째, 재가노인복지서비스에 대한 분석결과는 다음과 같다. 현재 가장 필요한 재가노인복지서비스에 대해 총 응답자 250명 중 32.4%인 81명이 '가정봉사원파견' 서비스라고 답하고 있으며, 두 번째로 26.0%인 65명이 '노인돌보미서비스이용권'이라고 응답하고 있다.

지역적으로 볼 때, 도시지역인 서울과 군포가 '가정봉사원파견'에, 농촌지역인 음성은 '노인수발보험'에 가장 많은 응답을 하고 있다. 두 번째로 응답자수가 많은 서비스는 서울은 '노인돌보미서비스이용권', 군포는 '노인주간보호', 음성은 '노인돌보미서비스이용권'에 응답하고 있다.

[표 4-42] 재가노인복지서비스 중 가장 필요한 서비스

구 분	서 울		군 포		음 성		합 계	
	빈도(명)	비율(%)	빈도(명)	비율(%)	빈도(명)	비율(%)	빈도(명)	비율(%)
① 노인돌보미서비스 이용권	23	33.8	9	10.6	33	34.0	65	26.0
② 가정봉사원 파견 (가사지원서비스)	29	42.6	36	42.4	16	16.5	81	32.4
③ 노인수발보험	7	10.3	9	10.6	34	35.1	50	20.0
④ 노인주간보호	3	4.4	11	12.9	5	5.2	19	7.6
⑤ 노인단기보호	-	-	4	4.7	-	-	4	1.6
⑥ 무료급식사업	3	4.4	7	8.2	4	4.1	14	5.6
⑦ 치매상담센터	1	1.5	7	8.2	-	-	8	3.2
⑧ 기타(무응답)	2	2.9	2	2.4	5	5.2	9	3.6
계	68	100.0	85	100.0	97	100.0	250	100.0

차. 10~20년 후 노인들에게 가장 필요한 노인복지서비스[6)]

첫째, 제도적 노인복지서비스에 대한 분석결과는 다음과 같다. 향후 10~20년 후 노인들에게 가장 필요한 제도적 노인복지서비스를 묻는 질문에 대해 응답자 137명 중 55.5%인 76명이 '노인일자리사업'이라고 답하고 있으며, 23.4%인 32명이 '노인연금'이라고 답하고 있다. 전문가의 입장에서 볼 때 앞으로도 '노인일자리사업'은 노인들의 가장 커다란 과제임을 보여주고 있다.

6) 본 문항은 주관식으로 질문을 하였으며 응답한 수가 총응답자의 수에 비해 적으며, 유형별로 차이가 있다.

[표 4-43] 10~20년 후 제도적 노인복지서비스 중 가장 필요한 서비스

구 분	서 울	군 포	음 성	합 계	
				빈도	비율
① 건강보험	2	-	-	2	1.5
② 노인연금(경로연금 등)	8	20	4	32	23.4
③ 노인일자리사업	32	38	6	76	55.5
④ 재정지원	2	18	1	21	15.3
⑤ 노인학대예방센터	1		-	1	0.7
⑥ 기타	1	4	-	5	3.6
계	46	80	11	137	100.0

둘째, 시설노인복지서비스에 대한 분석결과는 다음과 같다. 향후 10~20년 후 노인들에게 가장 필요한 시설노인복지서비스를 묻는 질문에 대해 전체응답자 126명 중 35.7%인 45명이 '노인요양시설'이라고 답하고 있으며, 21.4%인 27명이 '노인복지주택', 19.8%인 25명이 '노인전문병원'에 답하고 있다. 따라서 향후 노인건강과 관

[표 4-44] 10~20년 후 시설노인복지서비스 중 가장 필요한 서비스

구 분	서 울	군 포	음 성	합 계	
				빈도	비율
① 노인요양시설	18	24	3	45	35.7
② 양로원	8	3	-	11	8.7
③ 노인전문병원 (치매전문병원 등)	8	14	3	25	19.8
④ 복지관	6	6	4	16	12.6
⑤ 노인복지주택	4	22	1	27	21.4
⑥ 기타	-	2	-	2	1.6
계	44	71	11	126	100.0

련한 요양시설의 확충 필요성을 시사하고 있다.

셋째, 재가노인복지서비스에 대한 분석결과는 다음과 같다. 향후 10~20년 후 노인들에게 가장 필요한 재가노인복지서비스에 대하여 총 응답자 122명의 31.3%가 '가정봉사원파견', 24.6%인 30명이 '노인수발보험', 13.9%인 17명이 각각 '노인돌보미서비스', '노인주간보호'에 답하고 있다. 현재와 마찬가지로 앞으로도 지속적으로 '가정봉사원파견' 서비스의 필요성을 제기하고 있다.

[표 4-45] 10~20년 후 재가노인복지서비스 중 가장 필요한 서비스

구 분	서 울	군 포	음 성	합 계	
				빈도	비율
① 가정봉사원파견	11	26	1	38	31.1
② 간병서비스	3	-	-	3	2.4
③ 노인돌보미서비스	11	6	-	17	13.9
④ 노인수발보험	8	16	6	30	24.6
⑤ 노인주간보호	4	12	1	17	13.9
⑥ 치매상담센터	3	5	1	9	7.4
⑦ 기타	2	5	1	8	6.6
계	42	70	10	122	100.0

제4절 시 사 점

본 장에서는 노인과 전문가를 대상으로 노인복지서비스에 대한 의식분석을 하였으며 이를 토대로 시사점을 도출하였다.

제도적인 측면에서 '노인복지서비스 전달체계'의 문제점과 '노인복지서비스담당자의 전문성 부족' 등이 도출되었고 노인 및 전문가 의식조사 결과, '노인일자리창출'이 현재 노인복지서비스의 가장 큰 문제로 나타났다. 또한 대도시지역과 중소도시지역 간에는 노인복지서비스에 대한 현황과 문제점이 유사하게 나타났으나 농촌지역과는 차이가 있음을 알 수 있었다. 따라서 향후 중앙정부는 물론 지방자치단체에서 노인복지서비스정책을 수립 및 추진할 때는 반드시 수요조사를 통해 지역특성에 맞는 노인복지서비스 정책과 프로그램을 제공해야 할 것이다. 특히 도시지역과 농촌지역은 차별화 정책이 필요하다.

노인의식 분석결과, 제도적 노인복지서비스의 경우 노인경제 및 노인재정에 실질적으로 도움을 줄 수 있는 '일자리창출'과 '경로연금의 확대'를 원하고 있음을 알 수 있다. 시설노인복지서비스의 경우 도시지역은 소외계층 중심의 수혜자가 원하는 서비스를, 농촌지역은 '시설서비스담당자의 친절성 제고'를 요구하고 있다. 재가노인복지서비스는 '가정봉사원파견제도'의 지속적인 유지와 강화를 요구하고 있다.

한편 전문가들은 도시지역은 경제문제 및 건강과 관련한 노인복지서비스를, 농촌지역은 노인의 외로움과 소외감, 가족 간 갈등을 해소할 수 있는 노인복지서비스를 제공할 것을 지적하고 있다.

1. 노인의식 분석

가. 제도적 노인복지서비스

서울 성동구, 군포, 음성을 대상으로 현재 시행 중인 노인복지서비스 의식조사에서 제도적인 측면을 분석한 결과 다음과 같은 시사점을 발견할 수 있었다.

아래의 표로 요약된 내용은 제도적 노인복지서비스의 각 설문문항별 시사점을 요약한 것이다.

설문항목	시 사 점
현재 받고 있는 서비스	· 도시지역(대도시 및 중소도시)과 농촌지역 모두에서 '노인교통비' 및 '경로연금'에 대한 서비스 수혜가 많다는 것은 경제적 지원을 통한 노인복지서비스의 혜택의존도가 높다는 것을 의미함
현재 받고 있는 서비스에 대한 만족도	· 다양한 노인복지서비스 중에서 제도적인 측면에 있어서는 '노인교통비'에 대한 만족도가 두드러지게 나타났으며, 특히 지역적 특성에 있어서 도시지역의 수혜자가 농촌지역의 수혜자에 비해 상대적으로 높은 만족도를 보임 · '노인교통비'에 대해 도시지역의 수혜자가 농촌지역의 수혜자보다 높은 만족도를 보인 것은 지역적 특성, 즉 도시지역의 노인들이 지하철 등 도시교통의 혜택을 크게 받고 있음을 시사함 · 현재 만족 및 불만족, 양측에서 긍·부정적인 답변결과가 나온 것에 대해 노인교통과 관련한 노인복지서비스 정책에 지속적인 발전이 필요하다고 봄
현재 받고 있는 노인복지서비스에 대해 만족하는 이유	· 대도시 거주지역 서비스 수혜자의 경우, 노인복지업무담당자의 친절 및 서비스 등 표면적 서비스(피부에 와 닿는 서비스)에 높은 의존성을 지니고 있음 · 소도시 거주지역의 경우, 노인복지서비스의 혜택이 많고, 서

	비스의 내용이 좋아서 만족하고 있다는 점에서 서비스의 질적 만족도에 의존하고 있음을 알 수 있음
향후 받고 싶은 제도적 노인복지 서비스	· 전반적으로 노인복지서비스에 대해 제도적으로 '경로연금'에 대한 수혜를 선호하였음 · 도시거주의 서비스 수혜자인 경우 '노인복지기금으로부터의 지원'에 대한 서비스를 그리고 농촌거주의 서비스 수혜자인 경우 '노인일자리사업'에 대한 선호도가 높았음 · 결과적으로 재정적인 지원을 통한 경제적 안정성을 얻을 수 있는 노인복지서비스의 제도적 서비스를 요구하는 것으로 나타남
자치단체에서의 노인복지서비스 수행만족정도	· 전 지역에서 대부분의 노인복지서비스 수혜자들은 거주지역 자치단체의 제도 및 재가 노인복지서비스 수행에 대해 긍정적으로 평가하고 있음 · 수혜자가 노인이라는 특수성에 맞추어 각 자치단체가 계획하는 노인복지서비스를 지속적으로 노인들의 눈높이에 맞추어 정책을 설계하고 추진하는 방향이 필요함
노인복지서비스가 형평성있게 전달되고 있는지에 대한 의식	· 설문결과 많은 서비스 수혜자들은 현재의 제도 및 재가의 노인복지서비스가 지역노인들에게 형평성 있게 전달되지 못함을 지적하고 있음 · 특히 대도시지역 거주노인일수록 불평등한 서비스 전달에 대해 불만을 제기하고 있음 · 이와 같이 노인복지서비스 제공의 형평성 논란에 대해서 정책적으로 검토하고 시정하는 방안이 마련되어야 함 · 특히, 노인이라는 특수성을 고려하여 서비스의 다양화를 추구해야 할 것임
소론	· 제도노인복지서비스는 외적 범위에 있어서 다양한 면을 제공할 수 있겠으나, 지역별 특성(대도시, 중소도시, 농어촌 지역 등)을 고려하여 서비스 정책을 수립해야 할 것임 · 제도적 서비스의 경우 노인들은 경제적으로 취약계층이기에 노인경제 및 노인재정에 있어서 실질적인 혜택을 제공할 수 있는 서비스가 필요함 · 수혜집단이 특수계층(노인 대상)이라는 점을 인식하여 서비스의 제공에 있어서 질적인 측면과 더불어 양적인 측면(예: 담당자의 친절도, 정보취득의 용이성 등)에 있어서도 충분한 고려가 필요함

나. 시설노인복지서비스

설문항목	시사점
노인이 현재 받고 있는 서비스 현재 받고 있는 서비스에 대한 만족도 노인이 받고 싶은 서비스	· 시설적인 측면에서 노인복지서비스의 경우 도시지역과 농촌지역의 선호도 및 수혜받고자 하는 시설서비스에서 차이가 있음 · 도시지역(서울 및 군포)의 경우 '노인복지관'에 대한 친밀도가 높았으며, 농촌지역에서는 '노인요양시설'에 대한 의존도가 높았으나, 세부적으로 각 시설에 대해 선호하는 측면은 다르게 도출되었음 · 첫째, 서울에서의 노인복지관 선호는 '높은 서비스 수준'으로 선호하는 반면, 군포의 경우 노인복지관을 선호하는 이유로는 '동료집단과의 교류' 때문임을 알 수 있었음 · 둘째, 음성의 경우 '담당자의 친절'에 기인하고 있음이 도출되었음 · 이와 같은 사항을 종합하여 분석하면 노인복지서비스 수혜자들은 지역적 특성에 의거하여 차이가 나타남을 알 수 있음 · 따라서 노인복지서비스 정책을 추진함에 있어서 서비스의 질적·양적인 측면을 동시에 고려함은 물론, 지역별 선호형태에 맞추어 도시지역의 경우 소외계층에 대한 배려 및 수혜집단이 요구하는 양질의 노인복지서비스를 제공해야 하며, 농촌지역의 경우 외적으로 나타나는 친절도 등의 서비스를 충분히 고려해야 함
자치단체에서의 시설노인복지서비스 수행만족도	· 시설노인복지서비스가 자치단체에서 잘 수행되고 있는지에 대해서는 3개 지역의 서비스 수혜자가 느끼는 체감도는 매우 높은 것으로 나타났음 · 우리나라가 고령화사회로 진입함과 더불어 노인복지 시설에서 제공하는 프로그램이나 그 곳에서 종사하는 분들의 서비스가 향상되고 있는 것으로 판단됨
시설노인복지서비스 수혜의 형평성에 대한 의식	· 시설노인복지서비스의 혜택의 형평성에 대해서는 수혜집단이 아직은 불충분하다고 느끼고 있음 · 특히, 부정적인 답변에서는 '부족한 노인복지시설' 및 '노인복지서비스내용에 대한 불충분한 홍보'가 지적사항으로 제시됨 · 궁극적으로 '고령화사회'에 대비함과 동시에 효과적인 노인

	복지서비스를 제공하기 위해서는 software의 접근에 앞서 hardware적 접근, 즉 노인복지를 위한 시설확충이 필요함 · 노인복지서비스를 위한 시설확충과 더불어 본 시설들을 해당 계층의 수혜자가 충분히 이용할 수 있도록 홍보를 원활하게 해야 할 것임
소 론	· 통계결과를 분석한 결과, 시설노인복지서비스의 경우 도시지역 및 농촌지역 모두에서 실질적으로 노인에게 필요한 시설이 요구됨을 알 수 있음 · 즉, 지역적 특성과 해당 지역에 거주하는 노인들이 필요로 하는 시설을 제공하는 것이 시설노인복지서비스 정책의 성공여부가 결정된다고 볼 수 있음 · 노인복지서비스 수혜자는 노인요양시설, 노인복지관, 양로원, 노인전문병원 등 노인들이라는 특수집단을 위한 서비스가 제공되는 시설의 확충을 요구하고 있음을 알 수 있음 · 이는 사회적으로 소외계층이 겪는 물질적인 측면에서 불충분함을 보여주는 것이며 동시에 여전히 시설을 통한 노인복지서비스가 부족함을 말해주고 있음

다. 재가노인복지서비스

설문항목	시 사 점
현재 받고 있는 서비스에 대한 만족도	· 현재 제공받고 있는 재가노인복지서비스에 대해 수혜자들은 대체적으로 '무료급식사업'과 '가정봉사원 파견(가사지원서비스)' 서비스를 받고 있음 · 지역적으로 서울의 경우 '가정봉사원 파견'에 대한 의존도가 높았던 반면, 군포 및 음성의 경우 '무료급식사업'에 대한 선호도가 높았음 · 만족도 측면에서 '가정봉사원 파견'과 '무료급식사업'에 대해서 긍정적인 만족도 결과가 도출됨
향후 받고 싶은 재가서비스	· 3개 지역 모두에서 '가정봉사원 파견'이라는 서비스에 대한 수혜희망을 보이고 있음 · 대도시의 경우 '가정봉사원 파견' 서비스 등 실질적으로 집에서 받을 수 있는 서비스를 선호하는 반면, 농촌지역의 경우 '무료급식' 서비스 등 생계(경제적 측면)와 연관된 서비스를 희망하는 것으로 나타남

소론	· 재가노인복지서비스가 제공되는 범위 및 노인들의 육체적 활동 가능성, 생계지원 등 현실적인 문제와 연계하여 볼 때, 재가노인복지서비스의 경우 집에서 수혜받을 수 있는 서비스에 대한 요구가 높음을 알 수 있음 · 이와 같은 재가노인복지서비스 정책의 경우, 노인이라는 특수계층의 측면과 더불어 노인 개개인의 특수한 사정 및 개인별 특수성까지 고려해야 하는 어려움이 있음 · 집에서 직접 서비스를 받아야 하는 노인들의 개인적 사항을 고려한 세밀한 재가노인복지서비스의 질적 만족도를 높이기 위해서는 재가노인복지서비스 정책의 중·장기적인 계획이 필요함과 동시에 서비스 제공자를 대상으로 하는 전문가 교육도 동시에 진행되어야 할 것임

2. 전문가의식 분석

우리나라 시도들 중에서 서울 성동구, 군포, 음성을 대상으로 현재 시행 중인 노인복지서비스 의식조사를 노인복지서비스를 제공하는 전문가 집단인 공무원 및 사회복지사를 대상으로 설문조사를 실시하여 분석한 결과 다음과 같은 시사점을 발견할 수 있었다.

노인복지서비스 수혜대상자인 노인들과는 달리 전문가의 경우 노인복지서비스를 제공하는 측면에서 이들의 응답내용은 또 다른 시사점을 제공하고 있다.

아래의 표는 전문가를 대상으로 한 노인복지서비스의 각 설문 문항별 시사점을 요약한 것이다.

설문항목	시 사 점
현재 지방자치단체의 노인복지서비스의 긍정적 측면	· 공통적으로 전문가 집단에서 노인복지서비스의 긍정적 측면에 대해 '수혜대상이 많음'을 지적하고 있음 · 지역적인 차이에서는 서울 및 군포에서는 '노인복지서비스에 대한 비용이 저렴함'을 언급한 반면, 음성의 경우 '노인복지서비스의 접근성 용이'라는 측면을 언급함

	· 결론적으로 현재 제공되고 있는 노인복지서비스의 수혜자가 많다는 것은 수요가 많음으로 해서 공급이 충분히 이루어질 필요성이 있다는 점을 반증하는 것으로 볼 수 있음 · 또한 본 서비스에 대한 수요자가 많기에 지속적으로 노인복지서비스의 정책개발 및 질적 만족도를 높일 필요성을 내포하고 있음
지방자치단체 노인복지 서비스의 문제점	· 노인이라는 소외계층을 대상으로 추진하는 노인복지서비스 정책으로 인해 3개 지역 모두에 재정적인 어려움을 호소하는 것으로 나타남 · 특히, 서울의 경우 '담당공무원의 수적 부족과 업무과중'이 노인복지서비스를 제공하는 입장에서 나타나는 문제점으로 지적하였으며, 군포 및 음성의 경우 '노인복지프로그램의 미비'를 지적함으로써 서비스의 질적인 측면이 전문가의 입장에서는 불만족스러운 것으로 나타남 · 노인복지서비스 정책을 설계하고 추진할 때, 급속한 사회변화와 그에 따른 인식의 변화가 빠르게 변화하고 있는 상황이 정책에 반영되어야 함 · 노인복지서비스를 위한 필요 · 충분한 재정확보가 요구됨 · 노인복지서비스를 위한 재정확보와 더불어 각 지역별 문제점으로 지적되고 있는 전문인력 확충 및 고유 업무 확보가 요구됨 · 뿐만 아니라 노인복지서비스 제공에 있어서 수혜자가 질적인 측면에서 만족할 수 있도록 프로그램을 개발해야 할 것임
노인복지 서비스의 나아가야 할 방향	· 3개 지역의 전문가들은 '노인복지서비스 내용의 다양화,' '담당자의 전문성 제고,' '노인복지시설에 대한 지원강화' 등 서비스의 질적 · 양적 만족도 향상을 강조함 · 현재 제공하는 노인복지서비스의 질적 · 양적인 서비스가 수혜대상 집단에게 있어서 어느 정도 만족도를 보이고 있다 하더라도 중 · 장기적인 측면에서 노인사회 및 그 사회에 속한 노인들의 의식변화로 인하여 서비스의 만족도는 변화하게 될 것임 · 따라서 전문가들의 꾸준한 노인복지서비스의 모니터링을 통하여 질적 · 양적으로 서비스의 향상을 추진해야 함
지역에서 노인복지서비스 전달의 문제점	· 전문가들이 바라본 노인복지서비스 전달의 문제점으로는 '정확한 서비스 수혜대상자 파악이 어려워 실질적으로 서비스를 받아야 할 노인이 혜택을 받지 못하는 경우가 발생하고

	있음'을 지적함 · 실질적으로 노인복지서비스 혜택을 받지 못하는 대상자가 있다는 점은 제도적인 측면에서 문제점이 있다고 판단됨 · 이는 노인복지서비스 제공에 대한 제도정비와 더불어 수혜 대상자에 대한 정확한 정보 확보 및 Data관리가 필요함
지방자치단체의 관심과 지원이 필요한 영역	· 제도·재가·시설의 3개 분야 중, 지방자치단체에서 가장 중점적으로 관심을 가지고 지원이 필요한 부분에 대해 공통적으로 '고령보험 및 일자리 창출 등과 같은 제도노인복지서비스 영역'을 제시함 · 노인복지서비스의 다양한 영역에서 궁극적으로 외부적 지원이 요구되는 부분은 경제적 분야에 대한 지원이라는 점을 알 수 있음 · '고령화사회'의 사회현상을 언급하고 있으나, 실질적으로 고령화 계층에 속하고 있는 노인들은 경제활동이 충분한 지적 능력과 육체적 건강함을 지니고 있다는 점에서 이들 노인들에 대한 경제활동의 지원이 사회발전에 도움이 될 것임
노인복지서비스 수혜의 형평성 여부	· 노인복지서비스 수혜에 대한 형평성 여부와 관련하여 수혜대상 집단인 노인들과 동일하게 전문가 집단에서도 형평성 있게 노인복지서비스가 전달되고 있지 못함을 지적하고 있음 · 도시지역의 경우 자치단체의 홍보에 문제가 있다고 보는 반면, 농촌지역의 경우 노인들의 적극적인 참여의식에 문제가 있다고 전문가들은 보고 있음
시민사회단체 및 자원봉사자와의 협력관계	· 도시 및 농촌지역에서 노인복지서비스 수행과 관련하여 주민들과의 협력관계가 원활하게 이루어지지 않고 있음 · 이에 대한 원인에 대해 전문가들은 '시민사회단체 또는 지역주민의 노인문제에 대한 관심이 부족함'을 지적하고 있음 · 기존에 지니고 있는 노인복지 봉사영역의 편견 및 부정적인 시각을 적극적인 홍보 및 교육을 통해 불식시킴 · 정책적인 측면에서 노인복지서비스와 봉사단체와의 유기적 관계(협력관계)가 마련되어야 할 것임
현재 노인들의 가장 큰 문제점	· 현재 노인들이 겪는 가장 큰 문제점에 대해서는 도시지역과 농촌지역 간의 차이가 있음 · 도시지역의 경우 노후대비를 위한 경제적 문제를 가장 많이 지적하고 있는 반면, 농촌지역은 경제적 어려움보다는 독거노인 및 노인부부만 해당 지역에 거주하고 있어 외로움 및

	소외감 등이 가장 큰 문제점으로 나타나고 있음 · 그리고 도시지역 노인들은 건강문제에 우려감을 표시하고 있으며, 농촌지역 노인들은 가족 간 갈등에 관심을 가져줄 것을 지적하고 있음 · 경제적 어려움 및 건강상의 문제점을 걱정하는 노인들에 대한 사회적 관심이 꾸준히 제기되고 있으며 이에 대한 정책보완 및 대안책 등이 꾸준히 제기되고 있음 · 그러나 독거노인 및 노인부부들이 겪는 심리적 불안정서와 가족 간 갈등에 의해 나타나는 정신적 충격에 대해서는 문제점을 인지하고 있을 뿐, 실질적인 정책 및 제도적 보완책이 제시되지 않고 있음 · 물질적 문제점에 대해서는 제도적 보완 등을 통해 일정 정도의 해결책을 제시할 수 있으나, 심리적 · 정신적 고충에 있어서는 근본적인 사회차원에서의 해결방안을 모색해야 함 · 그리고 이에 대한 장기적인 관점에서의 정책대안을 통해 제도를 구축해야 할 것임
현재 노인들에게 가장 필요한 복지서비스	· 현재 노인들이 원하는 노인복지서비스는 '노인일자리 사업'과 '경로연금서비스'라는 결과가 도출되었음 · 경제적 독립을 통하여 재정마련을 노인 스스로 해결코자 하는 측면에서 위와 같은 서비스들을 선호하는 것으로 판단됨 · 다시 말해 노인 스스로 재정적인 자립도를 높임으로 자식들(후세들)에게 의존하는 경향을 없앰과 동시에 충분히 경제적 활동을 할 수 있는 육체적 · 정신적 건강함을 지니고 있음을 보임으로써 사회발전에 기여코자 하는 것으로 나타남
10~20년 후 필요한 노인복지서비스	· 10~20년 후의 노인복지서비스에 대한 수요를 예측하기 위해 질문한 결과, 제도부문은 노인일자리사업이, 시설부문은 노인요양시설, 노인전문병원 순으로, 재가부문은 가정봉사원 파견, 노인수발보험 순으로 답하고 있음. · 이와 같은 결과는 현재의 노인복지서비스 수요와 큰 차이가 없는 것으로서, 10~20년 후에도 현재의 노인복지서비스와 큰 변화가 없을 것임을 말함. · 그러나 한편으로는 노인복지서비스에 대한 수요예측의 어려움과 전문가의 한계를 보여주는 것 일수도 있음

제 5 장

지방자치단체의 노인복지서비스 개선방안

제 1 절 기본방향

1. 지방자치단체의 자율성 강화

노인복지란 노인을 위한 복지제도를 말하며 노인복지서비스는 주어진 자원을 효과적이고 효율적으로 활용하여 노인들의 욕구를 최대한 충족시킬 수 있도록 물리적, 인적 자원을 조직하여 최대의 서비스를 제공함을 목적으로 하고 있다. 우리나라의 경우 노인복지 제도 및 서비스에 대한 정책은 보건복지부에서 추진하고 있으며 정책시행도 중앙정부에서 광역자치단체를 거쳐 기초자치단체로 이어지는 전달체계를 이루고 있다.

지방분권이 완전히 정착되어 있지 못한 우리나라는 아직도 중앙정부와 지방자치단체 간에 사무 및 권한의 이양문제를 두고 갈등의 양상을 보이고 있다. 노인복지서비스와 관련하여 2005년도에 12개 단위사무를 지방자치단체로 이양하는 등 지방자치단체에서의 자율성을 일부 부여하고 있으나 아직은 미흡한 실정이다.

일반적으로 노인복지정책은 대부분 보건복지부에서 결정되며 결정된 정책은 지방자치단체에 지침을 시달하여 지방자치단체에서 노인복지서비스를 수행하고 있다. 따라서 중앙정부의 정책결정과정에서 지방자치단체의 의사가 제대로 반영되지 못하는 경향이 있다. 이와 같은 결과로 지역특성에 맞는 노인복지서비스의 실시가 어려우며 대부분의 지역에서 시행되고 있는 서비스는 비슷한 형태를 띠고 있다. 현 구조 하에서 지방자치단체가 자율적으로 그 지역에 맞는 서비스를 개발하고 시행할 수 있는 자율성은 미미한 형편이며 재정적인 측면에서도 고유의 서비스를 독자적으로 수립 및 시행할 인적·재정적 여력이 부족한 형편이다.

도시유형에 따라 노인들의 구성형태에 차이가 있고 지방자치단체의 재정형편이 다른 상황에서 중앙정부에 의한 일률적인 노인복지정책의 수립은 정책의 실효성이 떨어질 수 있다. 예를 들면 노인인구 비율의 대소와 성비 그리고 그들의 경제적 상황의 좋고 나쁨에 따라 필요한 서비스가 구분될 필요가 있다. 그러나 중앙정부에 의해 결정된 서비스를 획일적으로 모든 지역에서 시행하면 지역특성상 일부 서비스가 불필요한 지역에서는 예산낭비를 초래할 수 있다.

한편 유사한 서비스의 내용이 중앙정부에 의해서 결정되고 지방자치단체에서 집행됨으로써 행정의 비효율성이 지적되고 있다. 예를 들면 '독거노인생활지도사 파견사업'과 '돌보미바우처사업' 같은 것은 유사한 성격을 띠고 있는 사업이다. 그러나 이것이 개별적으로 시행됨으로써 서비스의 중복으로 인한 비효율성이 나타난다. 지방자치단체에서 각 서비스를 시행하기 위해서는 일정 정도의 재정적 부담을 해야 한다. 서비스의 중복으로 인해 지방자치단체의 예산이 이중으로 쓰여지게 되며 이로 인해 주민이 필요로 하는 분야에 대한 예산이 축소되거나 지출이 감소하는 경우가 발생할 수도 있다.

노인복지서비스는 원칙적으로 지방자치단체가 주체가 되어 노인 자신과 지역주민의 참여하에 운영되는 것이 바람직하다. 이를 실현하기 위해서는 다음과 같은 몇 가지 전제조건이 이루어져야 한다.

첫째, 노인복지서비스와 관련된 권리·의무관계를 법제적으로 명확히 하여야 한다. 둘째, 국가의 부담금 및 보조금 위주의 복지정책에서 지방자치단체를 주체로 한 복지재정으로서 재정의 지방분권이 이루어져야 한다. 셋째, 지방자치단체에서의 복지행정이 계획과 시행을 전문적으로 담당할 수 있도록 조직과 인력이 뒷받침되어야 한다.

이를 바탕으로 지방자치단체는 그 지역의 특성에 맞는 노인의료, 복지서비스 프로그램의 개발, 지역단위 계획의 수립 및 운영 등을 책임져 실질적으로 지방자치단체의 책임하에 제도 및 재가, 시설노인복지서비스가 운영되어야 할 것이다.

2. 노인의 정책참여에 의한 지역실정에 맞는 노인복지서비스의 제공

주민참여란 지역사회의 주민이 공적으로 결정권이 부여된 행정기관이나 관료들에게 정책 또는 계획의 형성·결정 및 집행과정에 영향을 미칠 의도로 관여하는 행위를 의미한다. 1980년대 이후 국가와 사회가 민주화·다양화되고 특히 1995년 민선자치단체장

시대가 출발하면서 주민이 지방자치단체의 정책결정과정에 참여하려는 욕구가 점차 증대되고 있다. 한편 지방자치단체에서도 이들의 의견을 종합하여 정책에 반영하려는 많은 노력을 기울이고 있고 그로 인해 과거에 비해 많이 향상된 것이 일반적인 현상이다.

지방자치단체에서의 노인복지정책수립 시, 과거에 비해 노인들의 참여가 증대된 것은 사실이나 아직 그 수준은 초기단계에 머물러 있다. 즉, 지역에서 노인관련 정책이 수립될 때 위원회 등을 통해 의견수렴 과정이 있으나 형식적으로 운영되는 경우가 많다. 예를 들어, 위원회에 참여하는 노인들도 대부분 노인단체 대표, 지역유지 등 지역 내 기득권층이므로 이들의 개인적인 의견이나 단체의 이익을 위한 의견을 제시할 뿐 지역 내 노인복지서비스의 실질적 주체인 대부분의 노인들의 의사를 정책에 반영할 수 있는 대안적인 수단이나 방법이 없는 실정이다. 또한 위원회를 통한 의견수렴절차도 1년에 1~2회 정도 개최하여 노인의 의견 수렴절차를 거쳤다는 것을 합리화시키는 요식행위에 불과한 경우가 일반적인 현상이다.

한편 노인단체별로 자치단체장 또는 관련부서를 방문하여 의사를 전달하는 경우가 있으나 대부분 공식적인 절차없이 개인적인 의사전달에 불과하여 정책에 반영되지 못하는 경우가 많다. 지역에서의 노인복지정책 수립 시 노인들의 의견이 제대로 정책에 반영되지 못하여 지역노인들에 대한 맞춤형 노인복지서비스가 제공되지 못함으로 인해 자치단체와 노인 간에 갈등관계가 형성될 수도 있다. 따라서 노인복지정책 수립 시 또는 노인문제 발생 시 공청회 또는 설문서를 통한 의견수렴을 통해 지역노인의 의견이 정책에 반영되도록 해야 할 것이다. 또한 자치단체는 노인들의 의견수렴

결과를 인터넷이나 지역방송 그리고 지역의 언론매체를 통해 공표하여 주민들 특히 노인들에게 투명한 노인복지서비스 행정을 구현해야 할 것이다. 이와 같은 절차와 과정을 거쳐 정책으로 결정되어 지역의 노인들을 위한 서비스로 제공될 때 노인들은 물론이고 지역주민들도 자치단체를 신뢰하게 되고 결과적으로 해당 자치단체의 경쟁력도 제고될 것이다. 또한 지역실정에 맞는 맞춤형 노인복지서비스가 운영됨으로써 노인들의 만족도도 제고될 것이다.

앞으로 고령화가 가속되어 지역마다 다양하고 복잡한 상황이 전개될 것이 예상되며 이를 위해 노인복지서비스도 지역 내 노인이 바라는 욕구에 맞춰 적절하게 대응해야 할 것이다.

제 2 절 개선방안

1. 제도적 측면

가. 지역사회복지협의체를 통한 노인복지서비스 강화

1) 노인복지서비스 전달체계의 강화

중앙정부가 주관하는 노인복지서비스뿐만 아니라 지방자치단체가 주관하고 관리하는 노인복지서비스에도 중복되는 사례가 많다. 이러한 서비스의 중복을 방지하고 지역에서 효율적인 노인복지서비스가 이루어지기 위해서 지역 내의 서비스연계체계가 필요하다. 이와 같은 필요성에 지방자치단체에 '지역사회복지협의체'가 설치되어 있다. 지역사회복지협의체는 복지관련 서비스 제공자를 중심으로 연계·협력을 도모하여 효율적인 복지자원의 활용과 서비스의 양과 질을 제고하는 데 목적이 있다. 본 조직을 통해 공공과 민간은 물론이고 사회복지서비스와 보건의료서비스의 연계와 협력이 강화되도록 시도한 것이다(김동배 1995; 김양순 2006). 주요기능은 지역사회복지계획의 수립, 복지서비스 연계기반 마련, 복지자원의 개발, 지역의 복지발전을 위한 의견수렴 및 건의 등이다. 기구는 대표협의체, 실무협의체, 실무분과로 구성되어 있다. 대표협의체는 지역사회복지협의체 운영에 대한 논의와 지역의 복지문제 전반에 대한 논의 및 협의를 한다. 실무협의체는 사업의 개발과 자원개발을 위한 협의와 서비스 제공 및 서비스 연계에 대한 협의를 한다. 실무분과는 지역의 사정에 따라 사회복지와 관련한 다양한 분과를 둘 수 있는데 우리나라의 경우 노인 고령화문제가 심각하므로 모든 자치단체에서는 명칭은 각기 다르나 노인관련 분과가 대부분 구성되어 있다. 그러나 대부분 자치단체에서 그 기능은 활성화되어 있지 않다. 따라서 각 자치단체 지역사회복지협의체의 노인복지실무분과에서는 다음과 같은 역할을 수행함으로써 지역노인복지서비스를 활성화시키도록 한다. 즉, 지역에서의 노인복지서비스 연계방식을 논의하고 노인복지서비스 관련 정보를 공유하도록 한다. 또한 노인복지서비스의 제공은 물론 연계를 도모하고 노인복지서비스관련 공동사업을 추진하고 운영하도록 한다. 한편 노인복지서비스 개선을 위한 계획을 수립하도록 한다.

지역사회복지협의체의 기능을 강화하여 지역특성에 맞는 지역복지정책을 수립하고 사업을 추진하는 데 있어서 민간, 학계, 시민단체, 시의회 대표들이 참여하여 적극적인 정책이 수립되고 사업이 추진되어야 한다. 또한 지역사회복지협의체의 원활한 추진과 협조체계를 위하여 유급간사를 채용하여 관과 민의 중립적 위치에서 지역복지서비스 및 노인복지서비스의 연계와 조정이 이루어져야 하며, 실무협의체와 노인요양·보건 등의 협의기구를 두어 밀접한 협의로 노인복지서비스전달을 체계화시켜야 한다.

성공적인 지역사회복지협의체를 통한 노인복지서비스를 강화하기 위해서는 지역사회 내에 존재하는 노인복지서비스 공급자원과 노인복지서비스 수요자에 대한 데이터베이스를 구축하고 이를 상호 공유할 수 있는 시스템의 마련이 필요하다(군포시, 2006).

한편 향후 본 협의체가 효과적으로 운영되기 위해서는 공공과 민간의 참여와 협력은 수평적인 관계를 지향하며 이를 위해서는 적절한 역할 분담이 필요하다. 특히 노인복지서비스와 관련하여 다음과 같은 기능이 강화되어야 한다. 첫째, 노인복지 전문인력의 연계 프로그램을 개발하여 서비스가 필요한 지역에 효과적으로 서비스가 제공될 수 있어야 한다. 둘째, 지역사회복지협의체를 통해 각 노인단체 간에 정보를 공유하여 중복되는 서비스를 지양하고 원활한 연계조직을 이용하여 노인들에게 필요한 서비스가 적시에 제공되어야 한다. 즉 지역사회복지협의체의 노인요양·보건 협의기구를 중심으로 지역 내의 보건소 및 보건진료소, 사회복지사, 노인복지관련 시민사회단체, 양로원 등 시설과 유기적인 네트워크를 형성하여 기관 간에 정기적인 모임을 통해 서로 정보를 교환하도록 한다. 셋째, 노인과 관련한 교육, 통계조사는 물론 지역 내 노인복지 정책 및 노인문제에 대해 노인의 의견을 수렴하여 자치단체에 건의하는 등 지역 내 노인복지서비스와 관련하여 구심체 역할을 수행해야 할 것이다.

2) 노인복지와 보건의 연계

지역사회복지협의체의 대표협의체, 실무협의체 내에 지역의 보건과 노인복지계획을 함께 설계하고 실천할 수 있도록 수평적·공식적 통로를 마련하여 운영하도록 한다. 즉 지역사회복지협의체의 노인복지·보건의료분과를 중심으로 자치단체, 민간기관, 보건소, 지역 내 노인이 서로 네트워크를 형성하여 유기적인 협조관계를 형성하도록 한다. 이를 위해서 구체적으로 다음과 같은 방안을 제시해 보고자 한다.

첫째, 공적노인 요양보장제도 도입에 따른 지역사회복지협의체와 협조체제 강화이다. 2007년부터 도입되는 공적노인요양보장제도의 실시에 따라 재가보호 및 요양시설과의 연계·협력관계의 정립이 필요하다. 읍면사무소 또는 동주민센터와 지역사회복지협의체는 본 제도의 대상인 노인에 대한 생활정보를 공유하고 노인복지적인 차원에서 관여를 한다. 지역사회복지협의체와 보건소 노인보건방문팀은 대상노인의 건강에 대해 관심을 가지고 정보를 서

[그림 5-1] 노인의 통합적 관리

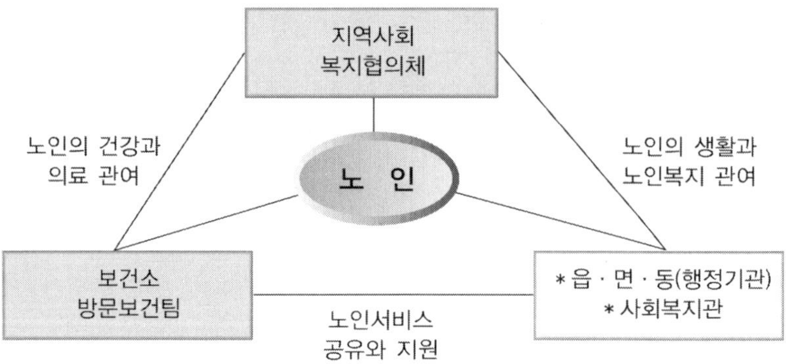

로 교환하며 대상노인이 건강이 나빠졌을 때는 가정을 방문하여 의료서비스를 제공하거나 보건소 또는 병원을 통해 의료서비스를 제공하도록 한다. 읍면사무소 및 동주민센터와 보건소는 대상노인에 대한 서비스를 공유하고 서비스를 지원한다.

둘째, 방문보건 · 방문간호사업의 활성화이다. 보건소의 보건의료팀과 노인복지시비스의 연계를 통한 가정간호, 방문간호사업을 활성화하도록 한다. 보건소에 보건복지행정시스템을 설치하여 방문노인대상자 중 기초수급자 등 가구에 대해서는 대상자 정보를 상호 공유하도록 하며 방문노인간호 대상자 중 서비스가 필요한 가구에 대해 서비스를 실시해 줄 것을 의뢰한다. 한편 보건소 방문간호팀에서는 방문노인간호 대상자 중 노인복지서비스가 필요한 가구를 발견하면 지역사회복지협의체 내 노인복지분과와 연계하여

[그림 5-2] 보건·복지 연계 방안

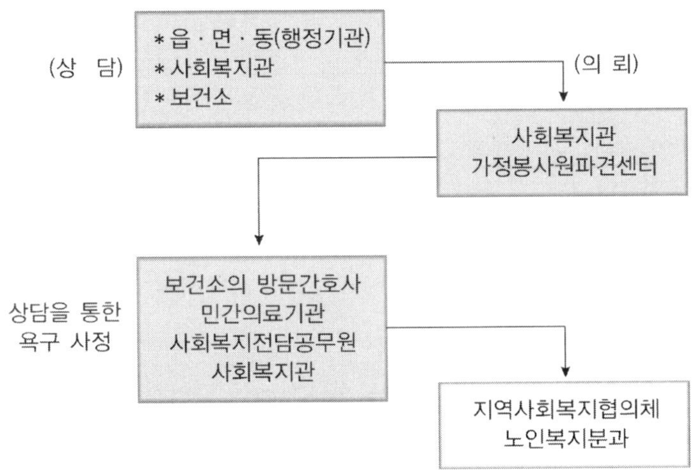

협조체제를 구축하고 서비스를 제공하도록 한다(군포시, 2006).

셋째, 지역의료기관과의 연계 활성화이다. 지역의 의료기관 중 일정수준을 갖추고 있는 의료기관에 노인의료서비스실을 갖추도록 하여, 지역의 노인복지관, 시군구청, 보건소와 함께 노인요양수발과 위기지원대상노인에 대한 정보와 지원체계를 교류하도록 한다.

나. 노인복지정책결정 시, 부처 간 협력체제 구축

노인복지서비스가 효율적으로 이루어지기 위해서는 중앙정부 내에서도 각 부처 간에 협의과정이 있어야 한다. 하나의 노인복지 정책이 이루어지게 되면 이를 시행하는데 있어서는 여러 관계 기관들이 연계될 수밖에 없는데 다른 부처와의 협조 없이는 정책의 효율적인 집행이 어려울 수 있다. 예를 들면, 보건복지부에서 노인복지서비스의 프로그램을 개발하고 일선 지방자치단체가 이를 시행할 때 필요한 인력과 예산 및 관련 기관들의 협조를 얻어야 하는데 행정자치부나 기획예산처 등과의 사전 협의가 없을 때는 지방자치단체에서 효과적인 업무를 진행하기가 어렵게 되는 상황이 초래될 수 있다. 따라서 이들 부처 간에 노인복지서비스와 관련하여 부처 간 네트워크를 형성하여 사안마다 긴밀한 협조체제가 구축되어야 한다.

다. 중앙정부와 지방자치단체 간 노인복지서비스 전달체계의 개선

노인복지서비스를 전달하는 전달체계에 있어서 중앙정부와 지방자치단체 간에 역할분담이 이루어질 필요가 있다. 즉 현재 대부분의 노인복지정책이 중앙정부에서 결정되고 지역특성이 결여된 정책결정이 이루어지는 경우가 많고 일부 비효율적인 서비스 전달이 이루어지는 경향이 있다. 따라서 중앙정부는 정책의 큰 계획을 수립하고 구체적인 내용은 각 지역의 자치단체와의 협의를 통해 조정해야 할 것이다. 이럴 경우 노인복지서비스의 중복으로 인한 예산 낭비를 줄일 수 있고 서비스의 효율성을 높일 수 있다. 예를 들어, 노인일자리사업, 노인들의 주거, 의료, 소득과 관련된 세도적 서비스는 중앙정부가 정책을 결정하고, 지방자치단체는 노인들과의 직접적인 접촉이 필요한 재가 또는 시설복지서비스를 주도적으로 담당한다면 노인들이 필요로 하는 서비스를 효율적으로 공급할 수 있는 시스템을 만들 수 있을 것이다.

한편 위에서 언급한 노인복지서비스 개선을 위한 중앙정부와 지방자치단체간 노인복지서비스 전달체계의 개선방안을 제시하면 다음과 같다. 먼저, 중앙정부 내에 노인복지서비스 관련부처 간에 정책협의회를 구성하여 정책의 효율적인 집행을 위한 사전 시나리오를 마련한다. 지방자치단체는 지역사회복지협의체를 통해 그 지역에 필요한 서비스의 내용과 필요한 예산수급계획 등을 마련한다. 이를 바탕으로 중앙정부와 지방자치단체가 협의를 통해 그 지역에 필요한 노인복지서비스의 내용을 결정한다. 이와 같은 절차에 의해 해당 지역 노인들의 욕구에 맞는 서비스가 제공될 수 있으며 서비스의 만족도가 높아질 수 있다. 한편, 중앙정부는 차후에 지방자치단체에 의해 시행된 노인복지서비스의 성과를 평가함으로써 다음 연도의 협의과정에 이를 반영하며 인센티브제를 도입한다. 즉, 성과가 좋을 경우에는 그에 따른 보상을 하고 반대로 성과가 좋지 않을 경우에는 예산상 불이익을 주거나 개선에 필요한 보고서를 작성하여 스스로 개선해 나가도록 한다. 이렇게 함으로써 지방자치단체가 노인복지서비스의 실질적인 역할을 담당하게 한다.

라. 시민단체의 참여 유도

지방자치 실시 이후 지역발전을 위한 시민단체의 활동이 활성화되고 있다. 참여 분야를 보면 다양한데, 각종 운동, 포럼, 봉사, 캠페인, 토론회 등의 개최로 친근하게 주민의 일상생활과 접하고 있으며, 공공적 토론광장과 시위, 시민운동 제안회의, 시민지도자 육성의 장으로서의 역할 수행, 시민단체의 연대 강화에 지대한 역할을 수행하고 있다. 지역에서 시민단체의 활동분야를 살펴보면 주로 환경, 교육・청소년, 사회복지, 교통, 소비자보호, 행정감시 등의 분야에서 활동하고 있다. 사회복지 분야에서도 많은 활동을 하고는 있으나 노인복지와 관련하여 적극적으로 활동하는 순수 시민운동단체는 별로 없다. 이제 시민단체도 위에서 언급한 분야에서의 활동뿐만 아니라 지역의 소외계층을 위해 과거보다 적극적으로 활동할 시기가 되었다. 지역에서의 소외계층을 위한 자원봉사활동은 시민단체보다는 사회단체에서 보다 적극적으로 하는 경향이 있다.

이제는 순수 시민단체가 노인이나 국내거주외국인, 장애인, 소년소녀가장, 저소득계층 등 보다 실질적인 대상을 중심으로 이들의 권익을 위한 활동뿐만 아니라 현장에 자원봉사자로 참여하여 이들과 함께 생활하며 봉사할 수 있는 기회의 장을 넓혀야 할 것이다. 특히 노인들을 위해 양로원, 요양원 등과 같은 시설을 방문하여 서로 간의 대화, 함께 놀아주기, 목욕시키기, 빨래하기, 청소하기 등의 봉사활동에도 적극 참여해야 할 것이다.

이를 위해서 자치단체는 물론 지역사회복지협의체 등에서 시민단체 간 네트워크를 형성하여 이들의 적극적인 참여권유 유도는 물론 자원봉사활동 분위기를 조성해 주어야 할 것이다.

마. 자원봉사자의 활성화

각 지역에서 노인복지서비스가 효과적으로 전달되기 위해서는 그 지역의 다른 주체들의 협조없이는 불가능하다. 먼저, 지방자치단체가 현재의 업무량과 비용절감 및 인력수급을 고려하여 필요한 노인복지서비스를 민간에게 위탁하는 사례가 증가하고 있다. 지방자치단체가 관리를 담당하고 있지만 일선에서 노인들의 복지서비스를 담당하는 민간위탁자들의 협조없이는 효과적인 노인복지서비스가 이루어질 수 없다. 그리고 노인들의 서비스 욕구의 증가에 비해 일선 지방자치단체의 업무과다로 인한 서비스 공급부족의 문제를 자원봉사자들의 확충으로 해결할 필요가 있다.

지방자치단체는 자원봉사자들을 활용할 수 있는 프로그램을 개발하고 자원봉사자들의 사회봉사 참여가 더욱 활성화되도록 사회분위기 조성에도 노력해야 한다.

외국의 사례에서 보면 노인들의 자원봉사활동이 활발히 이루어지고 있는데 반해 우리나라에서는 아직 노인들에 의한 노인복지서비스 제공이 미미한 편이다. 따라서 노인복지서비스를 위한 자원봉사를 활성화하기 위해서는 노인들의 사회적 봉사로 인한 성취감 등 자긍심을 고취시키고 노인복지서비스 개선을 위한 노인의 활용프로그램 개발도 필요하다. 즉 건강한 노인이 시설에 있는 노인의 이야기 동무 되어주기, 중풍환자 돌보기, 목욕수발 등 다양한 서비스프로그램을 개발하여 노-노간 자원봉사 활동을 확대하도록 한다.

그러나 근본적으로 노인복지 자원봉사의 활성화를 위해서는 다음과 같은 지역주민들에게 참여 동기 부여와 인센티브시스템 구축이 필요하다.

첫째, 지역노인복지 주체에 대한 교육 강화이다. 즉, 관련공무원, 지방의원, 노인복지실무자, 지역주민에게 각 대상별 목적성 교육, 노인복지 인식교육과 노인복지역량 강화교육을 실시하여 지역공동체의식을 함양하도록 한다.

둘째, 기부활동, 노인복지 자원봉사활동에 대한 인센티브시스템의 구축이다.[1)] 이를 위해 우수사례 발굴을 통한 기장 수여 등 다양한 포상제도를 도입하고, 마일리지카드 발급, 상해보험 가입확대 등을 통해 인센티브를 제공하도록 한다.

바. 주민자치센터를 이용한 노인복지서비스의 활성화

우리나라의 주민자치센터에 설치되어 있는 시설이나 프로그램을 보면 각 자치단체에 따라 차이는 있지만 대부분 헬스, 서예교실, 꽃꽂이, 요가, 인터넷교실, 독서실, 발맛사지 등이 공통된 사항이다.

최근 연구논문 중 주민을 대상으로 주민자치센터 시설과 프로그램을 운영함에 있어서 가장 관심을 가져야 할 계층에 대해 설문조사 결과를 발표한 논문이 있다(조석주, 2005). 그 내용을 보면 첫 번째는 '노인'으로 전체 응답자 303명의 31.7%인 96명이, 그리고 두 번째는 '청소년(어린이)'으로서 응답자의 30.0%인 91명이 응답하

---

1) 자원봉사의 주민참여는 인적·물적 유형으로 구분되어지는데, 기부금, 단순봉사, 지역사회 참여활동 등이 있다.

고 있음을 볼 수 있었다.[2)] 즉, 응답자들은 '노인'과 '청소년(어린이)'을 주민자치센터에서 가장 관심을 가져주어야 할 대상으로 생각하고 있는데, 이런 조사결과를 볼 때 이들을 위한 내용의 시설과 프로그램의 설치와 개설이 필요함을 알 수 있다. 이는 최근 노인에 대해 주민들이 관심을 갖는 것은 고령화사회로의 빠른 진입으로 인해 발생하는 많은 문제점에 대한 인식을 같이하고 공감대를 형성하고 있기 때문으로 보인다.

이제부터는 자치단체의 주민자치센터에서 주부층을 위주로 한 시설 및 프로그램에서 벗어나 노인 및 청소년 계층으로 확대하여 주민자치센터를 운영할 필요가 있다. 지금까지 주민자치센터에는 주부들을 대상으로 한 프로가 많이 설치되었지만 주부들은 주민자치센터가 아니더라도 그들의 취미·문화생활을 할 수 있는 공간이 많이 있으므로 향후에는 노인을 위한 시설과 프로그램을 강화할 필요가 있다.

각 자치단체에서는 주민자치센터 내에 노인들을 위하여 물리치료기, 발마사지, 자동안마기, 노인쉼터, 국악감상실, 노인을 위한

2) 설문조사 결과: 주민자치센터 운영관련 관심계층

구 분	빈 도	비 율
① 노인	96	31.7
② 청소년(어린이)	91	30.0
③ 장애인	18	5.9
④ 주부	71	23.4
⑤ 생활보호대상자	17	5.6
⑥ 직장인	6	2.0
⑦ 기타	4	1.3
합 계	303	100.0

* missing frequency=10

노래방 등의 시설 설치와 장기, 바둑, 윷놀이, 노인건강교육, 노후를 아름답게 보내기, 요가댄스, 건강체조 등의 프로그램을 강화해야 할 것이다. 이럴 경우 특히 안전사고에 대해 신경을 쓰되, 사고 시 이를 해결할 수 있도록 사회보장보험 가입 등에 대한 법률적 대안도 마련해야 할 것이다.

사. 노인복지서비스관련 기구의 통일 및 차별화된 인력의 배치

현재 우리나라 기초자치단체의 노인복지관련 부서(팀, 계)는 명칭이 서로 상이하고 상급부서(과)의 명칭도 자치단체마다 차이가 있어 민원인들에게 혼란을 초래하고 있다. 또한 사회복지과와 주민생활지원과에서 각각 노인복지업무를 담당하는 경우가 있어 양 부서간의 업무영역의 혼란으로 책임성에 대한 갈등이 발생하고 있다. 따라서 사회복지과와 주민생활지원과의 업무분장을 확실하게 하여 불필요한 갈등을 차단하고 노인복지담당 상급부서의 명칭을 통일하여 주민들의 혼란을 방지할 필요가 있다. 예를 들어 노인복지담당(계, 팀)은 사회복지과 소속으로 하며, 해당부서에 노인복지담당을 두어 지역의 노인복지정책과 노인복지서비스 전반에 대해 총괄하도록 한다.

한편 일부지역의 읍면동 및 보건소의 경우 과거의 업무에 더하여 최근 새로운 업무의 확대로 업무수행에 어려움을 겪고 있다. 즉 지방자치단체의 조직이 주민생활조직체계로 전환되면서 기존의 업무에 8대서비스업무와 기초노령연금 등 새로운 제도가 도입되어 업무량이 확대되었으나 인력은 한정되어 있어 노인복지서비스 업무에 과부하가 발생하고 있다. 따라서 자치단체에서 읍면동별로 노인복지업무량을 산출하여 지역별 업무과다에 따라 노인복지담당

공무원 수를 차별화하여 배정하도록 한다.

아. 일부 중복사업의 통합 및 폐지

보건복지부 시행으로 지방자치단체에서 다양한 사회서비스 사업이 운영되고 있다. 여러 가지 사업 중 노인돌보미 바우처사업, 독거노인생활지도사 파견사업과 가사간병도우미사업이 있다. 노인돌보미 바우처사업은 혼자 힘으로는 일상생활이 어려운 노인을 지원하는 사업이고, 독거노인생활지도사 파견사업은 독거노인에게 서비스를 제공하는 것으로 실제적으로 도우미 파견이 필요한 독거노인을 대상으로 주 1회 방문, 3회 전화를 하고 있다. 가사간병도우미사업은 저소득 중증장애인, 질환자, 노인 등에게 무료로 가사간병을 지원하는 제도로서 가구에 따라 매일 또는 주 1~2회 가사간병도우미를 지원하고 있다. 이와 같은 서비스 제도는 노인과 연관된 유사사업으로서 일선업무 담당자에게 업무부담은 물론 행정의 비효율성과 예산의 낭비를 초래하고 있으므로 통합 또는 조정이 필요하다.

한편 지방자치단체에서는 노인건강검진사업을 운영하고 있으며 보통 시도비와 시군구비를 합쳐 본 사업을 추진하고 있다. 그러나 노인건강검진은 이미 건강보험관리공단이 보건소와 연계하여 시행하고 있으므로 조정하는 것이 바람직하다.

또한 생활수급지원자 선정절차를 보면, 읍면동에서 서류를 받아 1차 면접을 하고 본청에서 다시 2차 면접을 한 후 해당자를 확정한다. 따라서 향후 시군구와 읍면동에서의 이중면접으로 인해 먼 거리를 오가야 하는 거동이 불편한 노인들에게 불편을 초래하지 말고 읍면동에서의 1회 면접으로 대상자를 결정하도록 한다.

자. 기초자치단체와 보건소의 유기적인 협력강화

대부분의 자치단체에서 사회복지과와 보건소가 노인복지서비스 업무를 수행하고 있으나 양 기관 간에 긴밀한 협력관계가 형성되어 있지 않으며 별개로 활동하고 있다. 이로 말미암아 업무가 중복 수행되는 경우가 발생하고 있다. 자치단체의 노인복지서비스는 기초생활수급자 등 제도권내의 노인들을 대상으로 서비스를 제공하고 있으나 보건소는 맞춤형서비스로서 사각지대에 있는 소외계층을 대상으로 노인복지서비스를 제공하고 있다. 따라서 양 기관간에 네트워크를 형성하여 지역내 노인복지관련 정보를 교환하고 노인문제 발생 시 공동으로 대처함으로써 지역내 노인복지서비스 질 향상을 위해 함께 노력해야 한다. 한편 자치단체의 주민생활지원과 또는 사회복지과와 보건소의 보건직이나 간호직 등과의 인사교류도 검토해 볼 만하다.

차. 예산지원의 합리성

양로원 등과 같은 시설에 대한 예산지원은 기초자치단체에서 지원하고 있으며 대체적으로 규모가 큰 시설에 많은 예산이 지급되는 것은 당연한 일이다. 그러나 양로원 등과 같은 시설은 관리운영비의 경우 규모의 대소, 시설이용자의 많고 적음에 관계 없이 비용은 거의 유사하게 소요되고 있다. 작은 시설의 경우 예산이 부족하여 개인후원, 기업후원에 의존하는 경우가 많다. 따라서 시설에 대한 예산지원의 경우, 지나치게 규모에 따른 예산배정보다는 각 시설의 재정형편과 상황을 정확하게 파악하여 예산을 배정할 필요가 있다.

카. 탄력성 있는 인사제도 운영

사례지역 일부 노인복지담당공무원의 경우 업무가 과중하여 노인에 대한 개별서비스 제공이 어려운 경우가 발생하고 있다. 또한 주민생활서비스의 확대 등으로 업무는 증가하였으나 인력은 한정되어 있어 업무수행의 어려움을 호소하고 있는데 이와 같은 현상은 특히 도시지역에서 발생하고 있다. 따라서 자체 또는 외부 조직진단 등을 통해 노인복지서비스와 관련하여 업무에 과부하가 있는 지역에는 노인복지담당 공무원을 증원하도록 한다. 단 동일한 자치단체 내에서라도 지역의 노인복지수요를 반드시 파악하여 수요가 적은 지역은 인력을 증원할 필요가 없다. 즉 지역형편에 따른 탄력성 있는 인사운영을 하도록 한다.

2. 운영적 측면

가. 제도적 노인복지서비스

1) 노인일자리사업 발굴 및 창출

첫째, 시장형 일자리의 발굴과 지원이다. 제4장의 의식조사에서 나타났듯이 서비스 당사자인 노인이나 공급자인 전문가그룹 모두 최고의 노인대책은 노인들에게 일자리를 제공하는 것이라고 답하고 있다. 국가재정이나 연금으로 노인문제를 해결할 수 없다. 나이가 들어도 일을 통해 자립하는 것이 최선의 방책이다. 새로운 일을 통해 보람 있고 활기찬 인생 2장을 시작할 수 있으며 노동력 부족이라는 국가적 과제를 해결할 수 있기 때문이다.

노인일자리 유형을 보면 세 가지 유형으로 구분할 수 있다. 첫 번째 유형은 기초자치단체의 고유사업 중 노인에게 적합한 업무를 제공해 공공의 이익을 도모하는 공익형 일자리이다. 여기에는 거리·환경지킴이, 교통질서주차계도, 교통안전지도, 방범순찰대 등이 있다. 두 번째는 사회활동이 어려운 소외계층을 대상으로 필요한 서비스를 제공하는 복지형 일자리이다. 거동불편자 돕기, 장애인 등 소외계층 돌보기, 보육도우미 등이 여기에 포함된다. 세 번째는 소규모사업을 공동운영하거나 소규모 업체를 공동창업하는 등 수익을 창출해 생계가 가능한 실질적 일자리인 시장형 일자리이다. 이 유형에는 간병인사업, 지하철택배, 세탁방, 실용용품점 등이 있다.

우리나라의 노인들이 현재 주로 많이 참여하는 노인일자리는 공익형 일자리가 가장 많고, 다음이 복지형 일자리이며 실질적 일자리인 시장형 일자리는 극소수의 노인들만이 혜택을 받고 있다. 공익형 일자리와 복지형 일자리에 취업하여 노인들이 받는 급여는 월 20만원 수준이며 이조차도 7개월 미만의 단기에 그쳐 실질적인 생계유지가 되지 못하고 있다.

따라서 지방자치단체에서는 단기적이고 보수가 적은 공익형 일자리나 복지형 일자리보다는 노인들에게 보다 안정적이고 실질적인 도움을 줄 수 있는 시장형 일자리를 발굴하여 노인들에게 도움을 주어야 할 것이다.

한편 지역 내 기업이나 아파트 등에서 전체 고용인력 중 65세 이상 노인을 일정 비율 채용하여 경비원으로 근무하도록 하는 방안을 마련하여 이를 시행하도록 하며 이에 부응하는 기업 및 경비용역업체, 아파트단지에 대해서는 이에 상응하는 인센티브를 부여하도록 한다.

노인일자리사업 창출은 업무량이 많고, 전문성이 요구되므로 행정기관에서 직접 담당하기에는 한계가 있다. 따라서 지역에서의 노인일자리사업은 민간기관에게 위탁하되 자치단체에서는 관리·감독만 하도록 한다. 군포시의 경우, 시니어클럽에서 노인일자리사업과 경로당관리를 위탁하여 운영하고 있으며 운영비는 시에서 지급하고 동은 지도·감독·점검을 하고 있다.

둘째, 아르벌런티어 개념의 일자리 창출이다. 최근 노인들에게 어느 정도의 돈을 주고 업무를 수행하는 제도를 도입함으로써 순수하게 아르바이트 형태로 봉사하던 과거의 분위기가 사라지고 있다. 군포시의 경우 과거 무급의 노인자원봉사에 참여하는 모든 노인들은 돈의 개념 없이 순수한 자원봉사를 수행하였다. 그러나 최근 중풍환자 돌보기, 목욕, 수발 등 1주일에 두 번 봉사하고 한 달에 20만원의 봉사료를 지급하면서 유급자원봉사에서 탈락된 노인들은 자원봉사를 하지 않으려는 경향이 있다. 즉 동일한 자원봉사를 하는데 일부는 돈을 받고 일부는 돈을 받지 못한다는 형평성에 대한 불만 때문이다. 또한 일부 수급자들도 비용이 너무 적어 불만을 나타내는 경우가 있다. 따라서 아르바이트 개념의 일자리 보다는 안내데스크, 컴퓨터이용자 관리, 청소, 주차장관리 등 아르바이트와 벌런티어를 합성한 개념의 일자리를 만들어 한 달에 50~60만원 정도의 비용을 지급함으로써 정규직원은 아니나 직장개념으로 생각할 수 있는 일자리를 창출하는 방안도 검토해 볼 만하다.

2) 지역특성에 따른 차별화된 서비스 제공

노인들의 의식분석 결과, 도시지역의 노인들은 경제문제와 건강에 대하여 가장 큰 관심을 가지고 있는 반면 농촌지역 거주노인은 외로움과 가족 간의 갈등에 많은 관심을 가지고 있다. 농촌지역 거주노인은 대부분 집과 농토를 가지고 있어 도시지역 노인에 비해 경제적인 면에서 받는 부담은 상대적으로 적은 편이다. 반면 자식들을 모두 도시로 보내고 부부 또는 혼자 사는 경우가 많으므로 소외감과 외로움을 극복할 수 있는 서비스를 제공해야 할 것이다. 예를 들어 자치단체에서 지역단위로 실버운동회를 개최하거나 경로잔치를 마련하여 노인들에게 즐거움을 줄 수 있는 기회를 제공하도록 한다. 또한 외지에 나가 있는 자식들이 부모를 자주 찾아뵈었을 때 자치단체에서 해당 부모와 자식에게 무료여행 티켓을 주는 등의 인센티브제를 실시하여 자식들이 부모님을 자주 찾아오도록 동기유인을 제시하도록 한다. 또한 외지에서 부모를 자주 찾아오는 자식에게 효자상을 주는 등의 제도도 도입하여 시행해 볼 만하다.

한편으로는 마을경로당의 시설을 새롭게 단장하여 분위기를 전환하거나 요가댄스 강사 또는 맛사지사를 주 1~2회 파견하여 노인건강에도 관심을 기울이는 등 보다 적극적인 농촌노인서비스를 제공하도록 한다.

농촌지역거주 노인들은 일반적으로 노인복지에 대한 욕구의 폭이 작은 반면, 도시지역거주 노인들은 서비스에 대한 욕구의 편차가 상대적으로 크다. 즉 도시지역은 다양한 계층의 사람이 살고 있으므로 이에 대한 욕구도 다양할 수밖에 없다. 노인들 역시 학력, 과거 직업, 현재의 경제력, 독거노인, 자식과 함께 사는 노인 등 각양각색이므로 농촌지역보다는 다양한 서비스 제공이 필요하다. 노인의식 조사결과 경제적인 면에서 가장 어려움을 겪고 있으므로 일자리의 확대와 새로운 일자리 창출을 자치단체의 가장 우선적인 노인복지정책으로 선정해야 할 것이다. 일자리 창출에 이어 노인건강에 대한 관심을 기울여 동주민센터, 노인회관, 노인복지관에 주기적으로 방문간호사를 파견하여 노인들의 건강을 체크하도록 하고 농촌지역과 마찬가지로 강사를 파견하여 1주일에 1~2회 요가 댄스를 가르치고, 물리치료사를 파견하여 맛사지 등을 받을 수 있도록 한다.

3) 균형있는 서비스의 전달 및 참여유도

노인설문조사 결과, 대부분의 노인들은 지역에서의 노인복지서비스가 형평성있게 전달되지 못하고 있다고 답하고 있다. 그 이유는 노인복지서비스에 대한 홍보가 제대로 되지 않고 있거나 노인들의 적극적인 참여가 부족하기 때문이라고 생각하고 있다. 전문가 집단 역시 정확한 서비스수혜대상자의 파악이 어렵기 때문이라고 답하고 있다.

결국 자치단체의 홍보부족과 서비스 수혜자 발굴의 어려움, 노인들의 참여의식 부족으로 균형있는 서비스가 전달되지 못하고 있는 것이다. 따라서 자치단체에서는 홈페이지를 통해 지역의 노인복지서비스에 대해 홍보를 강화하되 초기화면에 노인복지서비스 관련 배너창을 설치하도록 한다. 또한 본청이나 읍면사무소 및 동주민센터의 주민생활지원 서비스상담실에 노인복지서비스 코너를 별도로 마련하여 노인복지관련 중앙정부 및 자치단체의 정책을 홍보하도록 한다. 또한 읍면동에 마을단위의 담당공무원을 지정하여 담당지역 통·리·반장과의 수시적인 연락을 통해 지역 내 노인들의 생활상태 및 건강상태, 입퇴소 등을 체크하도록 하는 것은 물론, 아직 정보부족으로 중앙정부 및 지방자치단체에서 시행하고 있는 노인복지서비스의 혜택을 받지 못하고 있는 노인들을 발굴하도록 한다. 즉 동네단위에서는 통·리·반장을 통해, 시설을 이용하는 노인들에게는 시설의 사회복지사를 통해, 중앙정부 및 자치단체의 노인복지서비스정책을 홍보하여 정보부족으로 서비스의 혜택을 받지 못하는 노인들이 없도록 해야 할 것이다.

한편 지역의 노인복지정책 계획 수립 시, 의식조사 또는 공청회를 통해 노인들의 의견을 적극 수렴하여 정책에 반영하도록 한다. 또한 노인복지관 등에 교육강사를 파견하여 자치단체에서의 정책결정 시 주민참여의 중요성을 강조하고, 특히 노인들의 노인복지정책참여의 필요성과 중요성을 강조하여 노인의 적극적인 참여를 유도한다.

4) 맞춤형 서비스제공

자치단체에서 거주하는 노인계층은 다양하다. 즉 경제적으로 여유가 있는 노인과 그렇지 않은 노인, 건강한 노인과 몸이 불편한 노인, 자식과 함께 사는 노인과 혼자 살거나 부부만 사는 노인, 손자·손녀와 함께 사는 노인 등이 함께 어울려 살고 있다. 따라서 노인복지서비스 프로그램도 어느 한 계층에게만 초점을 맞춰 획일화 시키지 말고 다양한 계층을 중심으로 맞춤형서비스를 제공해야 할 것이다. 즉 건강하고 여유가 있는 노인은 즐겁게 여가를 즐길 수 있는 프로그램을 개발하여 제공하고, 건강이 나쁜 노인에게는 치료를 위한 프로그램을 개발하여 제공하는 등 다양한 계층의 노인에게 맞춤형서비스 프로그램을 개발하여 제공해야 한다.

경제적으로 빈곤한 노인은 밖에 나가서 생활비를 벌기 위해

쉬는 날 없이 계속 일을 하는 경우가 대부분이다. 이와 같은 노인들은 다른 재가복지서비스보다는 현실적으로 도움이 되는 경로연금을 필요로 한다. 또한 건강이 좋지 않아 집에 누워 있는 노인에게는 건강가정도우미가 와서 건강체크를 해 주는 것이 가장 최대의 서비스이다. 노인들의 경우 관절염환자가 많으며 원거리일 경우 행사는 물론이고 서비스를 받기 위한 프로그램에 참석하지 못하는 경우가 많다. 따라서 이들에게는 경로연금이나 교통비 등의 지급이 실질적인 서비스가 될 것이다. 향후 자치단체에서는 지역 내 거주하는 노인들 개개인의 서비스 수요를 파악하여 그들이 원하는 실질적인 서비스를 제공해야 할 것이다.

5) 노인에 대한 의식교육 강화

일선 행정기관에서 근무하는 노인복지관련 공무원들의 가장 큰 애로사항 중 하나는 노인들의 권위의식과 현실안주의식이다. 즉 본인들은 그동안 고생을 한 세대이고 본인들의 노력으로 우리나라가 이 정도 경제적으로 발전하였으므로 당연히 대접을 받아야 된다는 생각이 일부 자리잡고 있다. 또한 본인들의 주장이 관련부서에서 받아들여지지 않을 경우 직접 자치단체장에게 찾아가 주장을 관철시키므로 실무자를 애먹이는 경우가 많다. 또한 현실에 안주하여 새로운 현상과 서식, 절차 등의 복잡함을 받아들이지 않는 경향이 있다.

따라서 노인교육프로그램을 개발하여 노인단체 등 지역 내 거주노인을 대상으로 행정에 대한 이해 및 지역문제 등에 관한 교육을 통해 설득시킴으로써 노인 및 노인단체 등과의 원활한 협력체제를 유지하도록 한다.

나. 시설노인복지서비스

1) 노인·청소년 간 동일한 공간의 이용 및 프로그램 운영

현재 대부분의 자치단체에는 노인들을 위한 노인복지관과 청소년을 위한 청소년수련관이 별도로 분리되어 있다. 따라서 노인과 청소년이 서로 교류할 수 있는 기회 또는 장이 마련되어 있지 않다. 최근 세대간 단절로 인해 많은 사회적 문제가 발생하고 있음을 볼 때 가능하다면 두 기관을 통합하거나 근거리에 설치하여 서로 교류할 수 있는 기회를 확대하도록 한다. 즉 동일 공간 또는 근거리에서 노인과 청소년이 만나 서로 교류할 수 있는 프로그램을 개발하여 세대 간 어울림을 통해 노인들과 청소년들이 서로를 이해할 수 있는 기회를 제공하도록 한다. 이와 같은 장을 통해 노인들은 청소년들에게 예절교육, 한자교육, 전래동요, 민요, 동화교육, 풍물 등의 교육을 실시하고, 청소년들은 컴퓨터 또는 문자 메시지 보내는 방법 등을 노인에게 가르쳐 줌으로써 세대 간 어울림은 물론 노인의 역할증대와 노인일자리 창출효과도 발생시킬 수 있다.

2) 노인복지관 이용의 개선

현재 노인복지법상에는 65세 이상 노인만 노인복지관을 이용하도록 되어 있다. 따라서 부부가 함께 노인복지관을 이용하고 싶어도 어느 한쪽이 65세 미만이면 함께 이용할 수 가 없다. 또한 주민등록지와 현재 거주지 주소가 틀려 이용을 못하는 경우가 발생하고 있다.

따라서 이와 같은 불편을 없애기 위해서는 우선 자치단체장에게 노인복지시설 이용에 대한 자율권을 부여하고 이용자 연령을 60

세로 낮추어 보다 많은 노인이 활용하도록 한다. 한편 연령을 낮추는 것이 불가능하다면 65세 미만의 노인에게는 약간의 이용료를 받도록 한다. 또한 실제 지역 내에 거주하고 있으나 주민등록상에 거주하고 있지 않아 불이익을 받는 경우에는 읍면사무소 및 동주민센터에서 실제 거주 확인을 통해 거주가 확인되면 노인복지관 이용을 허용하도록 한다.

3) 경로당 문화의 개선

우리나라 지방자치단체에 있는 경로당 노인문화는 실내에서 담배를 피우며 화투치기를 하거나 막걸리 마시는 문화이다. 농촌의 경우 옛날 사랑방 같은 어울림 문화이기는 하나 보다 건설적인 프로그램의 개발이 필요하다. 즉 실내에서 간단하게 운동할 수 있는 기구를 설치하거나 순환레크리에이션 강사를 배치하여 노인들이 건강에 대해 관심을 가질 수 있도록 현재의 경로당 문화에 더하여 건강과 즐거움을 줄 수 있는 문화를 창출하여야 한다. 실내에 물리치료기, 발마사지, 자동안마기 등을 설치하여 노인건강에 도움을 주고 노인건강교육, 노후를 아름답게 보내기, 요가댄스, 건강체조 등의 프로그램을 통하여 경로당문화를 개선하여 농촌거주 노인의 삶의 질을 향상시켜야 할 것이다.

다. 재가노인복지서비스

1) 민간재가간병단체의 확대

현재 독거노인 등 재가복지가 필요한 노인은 지역 내 종교단체, 통장, 복지관관리사를 통해 읍면사무소 및 동주민센터의 사회복지사에게 정보가 제공되고 있으며 자치단체에서는 가사도우미를 파견하여 돌보고 있다. 만약 독거노인이 양로원 등 시설로 이동할 필요가 있을 경우 보호자를 찾아 동의를 받아야 하는데, 이와 같은 업무는 지역 내 사회단체와 종교단체에서 수행하거나 읍면사무소 및 동주민센터의 사회복지사가 수행한다. 사망자의 경우도 종교단체에서 처리하거나 읍면동 사회복지사가 장지와 장례식장을 연결하는 역할을 수행한다. 이와 같이 지금까지는 지역의 종교단체, 사회단체 등에서 행정기관의 사회복지사와 연계하여 재가노인들의 어려운 문제를 해결하는 것이 일반적인 현상이다. 그러나 향후 노인인구가 증가하고 독거노인수가 증가할 것이 예상된다. 이럴 경우 이와 같은 종교사회단체의 도움만으로는 증가하는 수요를 감당할 수 없으므로 민간재가 간병단체를 활성화시킬 필요가 있다. 민간재가 간병단체 소속의 간병인은 유료자원봉사자로 하되 전문성을 강화시키도록 한다.

2) 가정방문 서비스의 확대

농촌에 거주하고 있는 노인들의 경우, 시설에 가서 주간보호서비스나 단기보호서비스를 받을 필요가 있으나 거리가 멀고 또한 새로운 서비스를 받아들이는데 정서적으로 어려움이 있어 시설에 가서 재가서비스를 받는 데 거부감을 갖고 있다. 즉, 가능한 동네에서 동네노인들과 함께 어울리고 싶어하는 경향이 있으며 집과 자식을 떠나 남의 도움을 받는 다는 것에 대해 자존심문제 또는 마음의 상처로 생각하는 경향이 있다. 따라서 주간보호 및 단기보호서비스도 발전시켜야 되지만 이와 같은 노인들의 정서를 이해하여 가정방문서비스를 확대하는 것이 보다 바람직하다.

제6장

결　　론

우리 사회의 고령화 문제는 먼 이웃 나라의 얘기가 아니라 이제 우리가 스스로 능동적으로 이에 대처하고 합리적인 방안을 도출해야 하는 당면과제가 되었다. 65세 이상의 노인인구가 빠르게 증가하는 가운데 이에 수반하는 여러 가지 사회·경제적 문제점들이 나타나고 있는 데 반해 국가 차원에서의 대책은 단기적이며 대증적 처방 수준에 머물러 있다.

우리나라의 노인복지서비스 수준은 선진국들에 비해 여전히 뒤처져 있는 상황이다. 보다 실질적으로 노인복지서비스가 발전되기 위해서는 서비스의 내용은 물론 전달체계의 개선이 필요하다. 특히, 지방화 시대를 맞이하여 지방자치단체가 각 지역의 실정에 맞는 노인복지정책의 수립과 이의 실행에 능동적이며 적극적인 역할수행이 요구되고 있다.

그동안 노인복지서비스에 있어서 지방자치단체의 역할은 수동적이며 서비스의 전달이 체계적이지 못하고 분절적으로 이루어져 왔다. 이는 중앙정부와의 관계에 있어서 지방자치단체가 독자적으로 노인복지정책을 추진하지 못하고 중앙정부의 지시나 방침을 단순히 집행하는 역할에 한정되어 있었을 뿐 아니라 서비스의 전달주체가 다양하게 산재해 있어 이들 간에 유기적인 협조체계가 이루어지지 않았던 데에 그 원인이 있다고 하겠다.

본 연구에서는 노인복지서비스의 실질적인 개선을 위해서는 지방자치단체의 역할이 중요하다는 인식하에 노인복지서비스의 제도적 측면과 운영적 측면에서 개선방안을 도출하고 있다.

먼저, 제도적 측면에서는 노인복지서비스의 전달체계와 관련되어 있다. 중앙정부 내의 각 부처 간에 노인복지서비스와 관련하여 네트워크를 형성하여 사안마다 긴밀한 협조체제가 구축되어야 한다. 지방자치단체는 사회복지협의회와 같은 지역 내의 서비스연계체계를 마련하여 각 지역에 필요한 서비스의 내용과 필요 예산 수급 계획 등을 마련한다. 그 다음에 중앙정부와 지방자치단체가 협의를 통해 그 지역에 필요한 노인복지서비스의 내용을 결정하도록 한다. 이럴 경우 그 지역 노인들의 욕구에 맞는 서비스가 제공될 수 있으며 서비스의 만족도가 높아질 수 있다. 한편 중앙정부는 지방자치단체가 시행한 노인복지서비스의 성과를 평가함으로써 다음 해의 협의과정에 이를 반영한다. 즉, 중앙정부는 관리감독 기능을 수행하며 지방자치단체는 자율적으로 노인복지서비스 정책을 입안하고 시행하여 그 성과를 평가받음으로써 보다 효율적인 노인복지서비스 전달체계를 구축할 수 있을 것이다.

지방자치단체가 각 지역에서 주도적으로 노인복지서비스를 시행하는 데 있어서 실질적으로 노인들에게 복지서비스를 제공하는 민간위탁자들의 협조는 절대적으로 필요하다. 그리고 노인들의 서비스 욕구가 증가하여 일선 지방자치단체가 업무과다로 서비스공급 부족의 문제에 직면할 때 지역의 자원봉사자들의 도움은 필수적이다. 지방자치단체는 자원봉사자들을 활용할 수 있는 프로그램을 개발하고 자원봉사자들의 사회봉사 참여가 더욱 활성화되도록 사회분위기 조성에도 힘써야 한다. 예를 들면, 건강한 노인들이 도움이 필요한 노인들을 위해 자원봉사 활동을 하는 노-노 자원봉사 프로그램 같은 것은 노인들의 사회적 봉사로 인한 성취감 회복 등의 긍정적 효과를 기대할 수 있다.

이 밖에 지방자치단체에 있는 주민자치센터를 활용하여 노인을 위한 시설이나 프로그램을 강화할 필요가 있다. 예를 들면, 주민자치센터 내에 노인들을 위한 물리치료기, 발맛사지, 자동안마기, 노인쉼터, 국악감상실, 노인을 위한 노래방 등의 시설과 장기, 바둑, 윷놀이, 요가, 건강체조 등의 프로그램을 개발하여 노인들의 취미 및 문화생활을 즐길 수 있는 공간을 마련하는 것이 필요하다.

노인복지서비스의 운영적 측면은 주로 서비스의 내용에 관한 것이다. 우리나라 노인들에게 가장 큰 문제 중의 하나가 경제적 어려움이다. 따라서 노인들에게 취업을 알선해 주고 연금을 통한 경제적 도움을 주는 것은 노인들에게 필요한 서비스임에 틀림없다. 현재 우리나라 지방자치단체가 실시하고 있는 경로연금이나 교통비 지급 같은 것은 제도적 서비스에 속하는 것이다. 특히 지방자치단체가 시행하고 있는 노인일자리 찾아주기 사업은 노인들이 가장 많은 관심을 보이는 부분이며 참여자의 만족도가 높은 부분이다. 하지만 이 사업이 주로 저소득 노인을 대상으로 하는 경우가 대부분이어서 다른 일반 노인들의 일하고 싶은 욕구를 충족시켜주진 못하고 있다. 따라서 이들에게는 전문직 또는 보다 다양한 직종으로의 취업을 알선해 주는 것도 고려해 볼 수 있다. 한편, 건강한 노인들의 자발적인 사회참여와 그에 따른 경제적 이익을 함께 고려한다면 아르바이트와 벌런티어를 합성한 알바티어 개념의 일자리 창출도 검토해 볼 수 있다. 즉, 건물의 안내데스크, 건물 청소, 주차장 관리 등의 일들을 노인들에게 우선적으로 알선해 줌으로써 노인들의 경제적 어려움을 해결할 수 있을 것이다.

현재 대부분의 지방자치단체가 위탁관리하고 있는 노인복지관의 이용 혜택을 보다 많은 노인이 누릴 수 있는 방안을 개발할 필요가 있다. 현재의 법령에 의하면 65세 이상의 노인만이 시설을 이용할 수 있는데 부부 중 한 사람만 65세 이상일 때 나이 제한 때문에 부부가 함께 시설을 이용할 수 없게 되는 문제라든지, 노인의 실제 거주지와 주민등록지 주소가 다른 경우에 시설 이용의 제한을 받는 경우가 발생한다. 이러한 문제점을 개선하기 위해서는 지방자치단체장에게 노인들의 노인복지시설 이용에 대한 자율권을 강화하여 보다 많은 노인들이 가까운 지역에 있는 노인복지관 시설을 이용할 수 있도록 운영의 다양성을 모색해 볼 수 있다. 또한 노인복지관과 별도로 운영되고 있는 청소년수련관을 하나로 통합하거나 가까운 거리에 위치해 놓음으로써 노인과 청소년이 서로 교류할 수 있는 프로그램을 개발할 필요가 있다. 예를 들어, 노인들이 청소년에게 예절교육, 한자교육, 전래동요, 민요, 풍물놀이 등을 가르치고 청소년들은 노인들에게 컴퓨터로 이메일 보내기나 휴대전화로 문자메시지 보내는 방법 등을 가르쳐 줌으로써 세대 간의 문화공유는 물론 노인들에게 일자리를 제공할 수 있는 효과를 기대할 수 있다.

도시지역과는 달리 농촌에 거주하고 있는 노인들의 경우 노인복지관과 같은 시설을 이용하는 빈도가 낮다. 거리상으로 쉽게 이용할 수 없는 경우가 많을 뿐만 아니라 시설에서 제공하는 서비스를 받는 것에 대해 정서적으로 꺼려하는 경향이 있다. 이런 노인들에게는 재가방문서비스를 확대할 필요가 있다. 특히 몸이 불편하여 거동이 어려운 노인들에게는 생활지도사 또는 도우미를 파견하여 실질적으로 도움이 될 수 있는 서비스를 제공해야 한다. 혼자 사는 독거노인들의 재가복지를 위해서는 가사간병인을 모집하고 유료화하여 보다 전문성을 갖추도록 할 필요가 있다.

한편, 노인복지서비스가 어느 한 계층에만 관심을 갖고 획일적으로 전달하는 것을 벗어나 다양한 계층에게 보다 실질적으로 도움이 될 수 있는 서비스를 제공할 필요가 있다. 건강하고 여유있는 노인에게는 건강과 레저 그리고 보다 자유롭게 여가 생활을 누릴 수 있는 프로그램을 개발하여 제공하고, 건강이 나쁜 노인에게는 치료를 위한 프로그램을 제공하며, 건강하지만 경제적으로 어려운 노인들에게는 일자리 제공을 통한 서비스전달이 필요하다.

이처럼 노인들에게 실질적으로 도움이 될 수 있는 맞춤형 노인복지서비스가 제공되기 위해서는 지역에서 노인들의 생활환경과 건강상태를 보다 자세히 알고 있는 자치단체가 자율성을 갖고 노인복지정책을 입안하고 효율적으로 실행하는 것이 필요하다. 아직은 우리나라의 지방자치단체가 노인복지서비스의 개선을 위한 실질적인 역할을 하기에는 제도적·재정적 한계를 갖고 있지만 올바른 정책방향을 제시하고 지방자치단체 스스로 행·재정 능력을 고양시켜 나간다면 중앙정부와의 협조속에서 노인복지서비스의 효율적인 운영을 위한 중요한 역할을 다할 것으로 기대된다.

끝으로, 노인복지서비스의 실질적인 개선을 위해서는 어느 하나의 전달주체만의 노력만으로는 소기의 성과를 거두기가 쉽지 않다. 앞에서 지적하고 있는 바와 같이 지방자치의 발전과 지방화시대를 맞이하여 지방자치단체의 역할이 중요한 것은 사실이지만 중앙정부와의 긴밀한 협조는 매우 필요하다. 따라서 중앙정부와의 적정 수준에서의 업무분담과 유기적인 협조가 이루어지는 것이 가장 기본적인 출발점이 될 것이다. 또한 각 지역의 여러 노인복지서비스의 전달주체들 간의 네트워크 형성 및 협조 없이는 노인복지정책의 성과를 기대하기가 쉽지 않다.

결과적으로 노인복지서비스의 실질적인 개선을 위해서는 각 지역의 실정에 맞는 서비스의 내용을 개발하고 각 전달주체 간의 유기적인 협조체제 구축을 통한 효율적인 운영이 필요하다. 따라서 이러한 모든 과정을 체계적이며 지속적으로 관리하는 지방자치단체 역할의 필요성과 중요성이 그 어느 때보다 요구되어지고 있다.

참고문헌

강욱모(1996), "영국의 노인복지관련법 체계," 한국노인문제연구소, 「외국의 노인복지 관련법」, 7-57.

고수현(2002), "재가노인복지서비스에 관한 연구: 노인복지법제를 중심으로," 「복지행정논총」 12집 2권: 21-37.

고양곤(2001), "외국 노인의 정치참여와 권익운동," 「노인복지연구」 14호: 7-33.

군포시(2006), 「군포시 지역사회복지계획」, 군포시.

권원서(1988), "고령화 사회의 정책과제," 「도시문제」, 60-72.

김기태(2003), 「사회복지의 이해」, 서울: 박영사.

김동배(1995), "노인 보건의료와 사회복지 서비스의 통합," 박재간 외 편, 「고령화 사회의 위기와 도전」, 서울: 나남.

김덕환(2001), "독일 노인복지시설의 지역사회연계프로그램 운영의 실제," 한국사회복지학회 2001년도 춘계학술회의 논문집: 447-463.

김미숙(2003), "일본의 노인복지서비스에 있어서 가족개호 지원정책에 관한 연구," 「한국가족복지학」 12호: 9-33.

김봉익(2002), "고령화 사회 이렇게 대비한다," 「나라경제」.

김성순(1990), 「고령화 사회와 복지행정」, 서울: 홍익제.

김순양(1997), "지방정부의 바람직한 사회복지 행정체계 구축방안: 노인복지 행정을 중심으로," 「한국사회복지학」 31권: 191-218.

김순양 · 박병일 · 고수정(2000), "지방정부 재가노인복지사업의 적실성

제고방안: 대구광역시의 일부 사례를 중심으로," 한국행정학회 2000년도 동계학술회의 발표논문집: 309-327.

김순양(2006), "지방정부 치매노인 복지서비스 공급체계의 효율화 방안," 「사회복지정책」 24: 143-172.

김양순(2006), "재가노인을 위한 보건·복지서비스 연계에 관한 고찰," 「보건과 사회과학」 19집: 71-96.

김영미(2000), "중소도시 노인의 복지욕구와 지역복지서비스 개선방안에 관한 연구," 중앙대학교박사학위논문.

김주원(2002), "강원도 노인복지사업 운영실태와 개선방안," 강원발전연구원.

김정순·이조영(2004), 「고령사회의 노인복지 전문인력 양성에 관한 법제연구」, 한국법제연구원.

김혜경(2004), "요보호 노인 부양가족의 재가복지 및 재가보건 서비스유형별 이용의향에 관한 연구: 2002년도 서울시 노인복지 기초수요조사 자료 분석," 「한국사회복지학」 56집 4호: 123-147.

박석돈(2003), "우리나라 노인복지정책현황," 「사목」 11월호(통권 298호): 16-25.

박영춘(2004), "민간위탁 노인복지회관의 운영 효율성 연구," 「국토계획」 39권 3호: 221-232.

박정란(1999), "일본의 지역복지: 동경도 中野區 사례를 중심으로," 「보건과복지」 2집: 159-175.

박재간(1991), "노인과 지역사회," 한국노년학회 세미나 자료집: 7-20.

박재간 외 편(2001), 「고령화 사회의 위기와 도전」, 서울: 나남.

방성수·김한양(2002), "일본 지역사회의 노인복지정책에 대한 고찰," 「복지행정논총」 12집 1권: 93-104.

보건복지부(2006), "노인복지 정책방향," 정책보고서.

백보옥(1999), "노인복지서비스 활성화를 위한 지방자치단체의 역할에 관한연구," 중앙대학교 사회개발대학원 석사학위논문.

백종인(2000), “일본의 노인복지법제에 관한 연구: 개호보험법을 중심으로,” 「토지공법연구」 10집: 352-374.

삼성경제연구소(2002), 「고령화시대 도래의 경제적 의미와 대책」.

신대순(1998), “노령사회에 있어서 노인복지의 과제,” 「지역복지정책」 12권: 25-47.

신대순(2004), “지역사회복지에 있어서 사회단체의 역할,” 「지역복지정책」 18집: 3-24.

영남대학교 · 미시건대학교(2000), 「노화노인문제」.

오수길 · 곽병훈(2004), “사회자본-정부-거버넌스의 연계에 관한 시론적 모색: 재가노인복지서비스 전달체계의 역사적 분석을 사례로,” 「한국행정학보」 38권 6호: 225-245.

윤병섭(2004), “우리나라 노인복지 개선 정책에 관한 연구,” 「지역복지정책」 18집: 25-49.

윤현숙(2004), “재가노인복지서비스에 관한 연구,” 「복지행정논총」 14권 1호: 119-134.

이구원(2005), “고령사회를 위한 노인복지정책의 방안,” 「복지행정논총」 15집 2권: 191-220.

이무승(2002), “노인복지서비스의 이용과 연계에 관한 연구,” 상지대학교 박사학위논문.

이은희(1996), “한국 노인복지행정의 발전방안 연구,” 「지역복지정책」 10집: 323-340.

이재모(2005), “대구시 노인복지현황과 정책과제,” 「복지행정논총」 15집 1권: 11-26.

이정화 · 박공주(2004), “노인복지 수요예측을 위한 노인 인구의 공간적 분석: GIS를 이용한 촌인지적접근,” 「한국지역사회생활과학회지」 15집 2호: 137-150.

이현정(2006), “싱가포르의 노인주거복지정책 및 노인주택 특성 분석,” 「대한건축학회논문집」 22권 11호: 135-142.

장동호(2007), "기초지방정부 사회복지비 지출비중의 변화요인 탐색," 「한국사회복지학」 59권 1호: 329-351.

전병관(2006), "노인의 생활실태 및 복지욕구 조사를 통한 맞춤형 노인복지정책 추진방안: 도농복합 아산시를 중심으로," 한국사회복지학회 2006년도 춘계학술대회: 230-232.

정순돌(1996), "노인복지 기관들의 특성과 관계 유형에 관한 연구," 한국사회복지학회 1996년도 추계학술대회 자료집: 167-175.

정세욱(1995), "중앙정부와 지방자치단체간의 갈등조정과 정책과제," 서울시정개발연구원 보고서.

조당호(2006), "평택시 노인복지서비스 욕구에 대한 정책적 제언에 관한 연구," 「복지행정논총」 16집 2권: 227-256.

조석주(2005), "주민자치센터에 대한 주민의식과 발전방안," 한국지방자치연구(통권 12호): 89-115.

조영준 · 함정복 · 윤인(2005), "우리나라 정부지원 노인복지시설의 개선방안에 관한 연구," 한국건축시공학회 학술발표대회 논문집 5권 2호: 197-200.

주상현 · 최낙관 · 김근식(2006), "지방정부 노인복지욕구 실태와 정책과제," 「지방정부연구」 10권 4호: 195-220.

최봉석(2005), "독일의 노인복지서비스법제에 관한 비교법적 고찰," 「토지공법연구」 29집: 413-436.

최창무 · 고수현(2002), "문민정부기의 노인복지서비스에 관한 연구," 「복지행정논총」 12집 1호: 47-64.

한국개발연구원(1993), 「한국의 노령화 추이와 노인복지 대책」.

한국보건사회연구원(1993), 「노인복지정책 개발을 위한 연구」.

한국보건사회연구원(1999), 「노인복지정책의 방향설정을 위한 연구」.

한국보건사회연구원(2007), 「제 7 차 저출산 · 고령사회포럼」.

한경혜(2002), "미국의 농촌노인을 위한 지역사회보호 지원프로그램," 「한국지역사회생활과학회지」 13집 2호: 77-86.

현대사회연구소(1993), 「노령화 사회와 노인복지정책」.

한창영(1995), "노인복지법 제정 및 개정의 배경과 과정," 박재간 외 편, 「고령화 사회의 위기와 도전」, 서울: 나남.

Andrulis, Dennis(2000), "Community, Service, and Policy Strategies to Improve Health Care Access in the Changing Urban Environment," *Urban Health Policy Forum*, Vol. 90, No. 6: 858-862.

Carp, F. M. (2000), *Elder Abuse in the Family*, N.Y.: Springer Publication Co.

Estes, Carroll and Associates(2001), *Social Policy and Aging,* CA: Sage Publications.

Folland, S., Goodman, A. C. and Stano, M.(2004), *The Economics of Health and Health Care,* N.J.: Pearson Prentice Hall.

Galliher, J. M.(1994), *Health Services for Rural Elders,* N.Y.: Springer Publishing Co.

Quinn, Joan(1993), *Successful Case Management in Long-term Care,* N.Y.: Springer Publishing Co.

Takahashi, Mutsuko and Hashimoto, Raija(1997), "Minsei i'in-between Public and Private: A Local Network for Community Care in Japan," *International Social Work*, Vol. 40: 303-313.

"Elderly Rapidly Increasing in Numbers in Germany" (2007) <http://www.globalaging.org/elderrights/world/2007/rapid.htm>.

小林弘和(1990), "일본지방자치체의 지역복지정책," 「지역복지정책」 4집: 7-19 (번역자 김범수).

부록: 설문지

노인복지서비스 의식조사(제도·재가)

안녕하십니까?

이 설문조사는 「한국지방행정연구원」에서 수행하는 기본과제 연구를 위한 것입니다. 본 조사에서의 모든 응답내용은 순수하게 학문적 필요에 의해서만 사용될 것이며 개별적인 응답 내용에 대해서는 절대비밀이 보장됩니다. 그리고 본 조사는 옳고 그름을 평가하는 것이 아니므로 평소 느끼시는 바를 그대로 말씀해 주시면 됩니다.

각 문제당 하나의 번호에만 ○표 해 주시기 바랍니다.

감사합니다.

2007년 8월

□ 다음은 제도적 노인복지서비스에 관한 질문입니다.

[문제 1] 현재 어르신께서는 다음 중 어떤 서비스를 받고 계십니까? (가장 중요한 것 하나에만 ○표 해주세요.)

① 노인일자리 사업(환경정비, 공원지킴이, 교통안전지킴이, 재활용품 선별 등)

② 경로연금 ③ 노인교통비

④ 기타 다른 경로우대 서비스 ⑤ 노인학대예방센터 이용

⑥ 노인복지기금으로부터의 지원 ⑦ 기타( )

[문제 2] 위의 문제 1번에서 ○표한 노인복지서비스가 제공하는 서비스의 내용(질)에 대해 어느 정도 만족하십니까?

① 아주 만족한다(문제 3으로 감)

② 만족한다(문제 3으로 감)

③ 별로 만족하지 않는다(문제 4로 감)

④ 전혀 만족하지 않는다(문제 4로 감)

⑤ 그저 그렇다

[문제 3] (위의 문제 2의 문항에서 ① 아주 만족한다, ② 만족한다고 응답한 경우) 어르신께서는 왜 서비스에 만족하십니까?

① 업무담당자가 친절해서 ② 실질적으로 혜택이 많아서

③ 서비스의 내용이 좋아서 ④ 서비스를 쉽게 받을 수 있어서

⑤ 기타(　　　　　　　　　　)

[문제 4] 어르신께서는 앞으로 받으시고 싶은 서비스가 있습니까?

① 있다(문제 5로 감) ② 없다(문제 6으로 감)

[문제 5] (문제 4의 문항에서 ① 있다 라고 응답한 경우) 다음 중 어르신이 받고 싶은 서비스는 무엇입니까? (하나만 골라 ○표 하여 주십시오.)

① 노인일자리 사업(환경정비, 공원지킴이, 교통안전지킴이, 재활용품 선별 등)

② 경로연금 ③ 노인교통비

④ 기타 다른 경로우대 서비스 ⑤ 노인학대예방센터 이용

⑥ 노인복지기금으로부터의 지원 ⑦ 기타(　　　　　　　　　　)

□ 다음은 재가노인복지서비스에 관한 질문입니다.

[문제 6] 현재 어르신께서는 다음 중 어떤 서비스를 받고 계십니까? (가장 중요한 것 하나에만 ○표 해주세요.)

① 노인돌보미 서비스 이용권

② 가정봉사원 파견(가사지원 서비스)

③ 노인수발보험

④ 노인주간보호(가족을 대신해 약 7일~10일 정도 시설에서 노인보호)

⑤ 노인단기보호(낮에 가족을 대신해 시설에서 노인보호)

⑥ 무료급식사업(식사배달 서비스)

⑦ 치매상담센터

⑧ 기타(   )

[문제 7] 위의 문제 6의 문항에서 ○표 한 노인복지서비스의 내용(질)에 대해 어느 정도 만족하십니까?

① 아주 만족한다(문제 8로 감)

② 만족한다(문제 8로 감)

③ 별로 만족하지 않는다(문제 9로 감)

④ 전혀 만족하지 않는다(문제 9로 감)

⑤ 그저 그렇다

[문제 8] (문제 7의 문항에서 ① 아주 만족한다, ② 만족한다고 응답한 경우) 어르신께서는 왜 서비스에 만족하십니까?

① 업무담당자가 친절해서　　② 비용이 적절해서

③ 서비스의 내용(질)이 좋아서　　④ 편리해서

⑤ 기타(   )

[문제 9] (위의 문제 7의 문항에서 ③ 별로 만족하지 않는다, ④ 전혀 만족하지 않는다고 응답한 경우) 어르신께서는 왜 서비스에 만족하지 않습니까?

① 담당자가 불친절해서
② 서비스의 내용(질)이 좋지 않아서
③ 서비스를 한번 받으려면 절차와 과정이 복잡해서
④ 이용비용이 비싸서
⑤ 기타(   )

[문제 10] 어르신께서는 앞으로 받으시고 싶은 서비스가 있습니까?

① 있다(문제 11로 감)   ② 없다(문제 12로 감)

[문제 11] (위의 문제 10의 문항에서 ① 있다 라고 응답한 경우) 어르신은 어떤 서비스를 받기를 원하십니까?

① 노인돌보미 서비스 이용권
② 가정봉사원 파견(가사 지원 서비스)
③ 노인수발보험
④ 노인주간보호(가족을 대신해 약 7일~10일 정도 시설에서 노인보호)
⑤ 노인단기보호(낮에 가족을 대신해 시설에서 노인보호)
⑥ 무료급식사업(식사배달 서비스)
⑦ 치매상담센터
⑧ 기타(   )

□ 다음은 위에서 답한 모든 노인복지서비스에 관한 일반적 질문입니다.

[문제 12] 어르신께서는 현재 거주하고 계시는 지역의 지방자치단체(예를 들면, 구청, 동사무소, 군청)가 노인복지서비스 업무를 잘 수행하고 있다고 보십니까?

① 그렇다(문제 13으로 감)　　② 아니다(문제 14로 감)

[문제 13] (위의 문제 12에서 ① 그렇다고 응답한 경우) 어느 정도 잘 수행한다고 생각하십니까?

① 아주 잘하고 있다　　② 잘하고 있다
③ 잘못하고 있다　　④ 아주 잘못하고 있다
⑤ 그저 그렇다

[문제 14] 어르신께서는 현재의 노인복지서비스가 모든 노인분들에게 혜택이 골고루 전달되고 있다고 생각하십니까?

① 그렇다(문제 16으로 감)　　② 아니다(문제 15로 감)

[문제 15] (위의 문제 14에서 ② 아니다 라고 응답한 경우) 왜 그렇다고 생각하십니까?

① 노인복지시설의 수가 부족해서
② 노인복지서비스내용에 대한 홍보가 제대로 되지 않아 본 제도에 대해 노인들이 몰라서
③ 일부 시설이용의 경우 노인들이 지불해야 하는 비용이 부담이 커서
④ 노인들이 적극적으로 자신들의 이익을 찾으려고 하지 않아서

⑤ 일부 노인단체가 혜택을 독점하고 있으므로
⑥ 기타(　　　　　　　　　　　　　　　)

[문제 16] 지방자치단체에서 어르신들을 위해 해야 할 가장 중요한 노인복지사업을 무엇이라고 생각하십니까? (한 가지만 골라 ○표 하여 주십시오.)

① 일자리 제공
② 의료 및 건강보호
③ 사회교육(한글교육 등)
④ 복지시설 확충(양로원, 요양원, 치매센터 등)
⑤ 노인정 확충
⑥ 노인주간보호사업(낮에 가족을 대신해 시설에서 노인보호)
⑦ 노인단기보호사업(가족을 대신해 약 7일~10일 정도 시설에서 노인보호)
⑧ 노인여가생활(취미활동 등)
⑨ 가정봉사원 파견(노인들의 생활과 건강관리를 도움)
⑩ 기타(　　　　　　　　　　　　　　　)

□ 다음은 통계처리를 위해 개인적인 사항 몇 가지만 더 여쭙겠습니다.

[문제 17] 성별은?

① 남성　　　　　　　② 여성

[문제 18] 어르신의 연세는 현재 만으로 어떻게 되십니까? (만 ___ 세)

♣ 설문에 응답하여 주셔서 감사합니다! ♣

부록 : 설문지

노인복지서비스 의식조사(시설)

안녕하십니까?

이 설문조사는 「한국지방행정연구원」에서 수행하는 기본과제 연구를 위한 것입니다. 본 조사에서의 모든 응답내용은 순수하게 학문적 필요에 의해서만 사용될 것이며 개별적인 응답 내용에 대해서는 절대비밀이 보장됩니다. 그리고 본 조사는 옳고 그름을 평가하는 것이 아니므로 평소 느끼시는 바를 그대로 말씀해 주시면 됩니다.

각 문제당 하나의 번호에만 ○표 해 주시기 바랍니다.

감사합니다.

2007년 8월

□ 다음은 시설 노인복지서비스에 관한 질문입니다.

[문제 1] 현재 어르신께서는 다음 중 어떤 서비스를 받고 계십니까? (가장 중요한 것 하나에만 ○표 해주세요.)

① 양로원 ② 노인요양시설

③ 노인전문병원 ④ 노인복지관

⑤ 경로당(또는 마을회관) ⑥ 노인학교

⑦ 노인복지주택 ⑧ 기타( )

[문제 2] 위의 1번 문항에서 ○표 한 시설에서 제공하고 있는 서비스에 어느 정도 만족하십니까?

① 아주 만족한다(문제 3으로 감)
② 만족한다(문제 3으로 감)
③ 별로 만족하지 않는다(문제 4로 감)
④ 전혀 만족하지 않는다(문제 4로 감)
⑤ 그저 그렇다

[문제 3] 어르신께서는 앞으로 받으시고 싶은 서비스가 있습니까?

① 있다(문제 4로 감)　　② 없다(문제 5로 감)

[문제 4] (위의 문제 3의 문항에서 ① 있다 라고 응답한 경우) 어르신은 어떤 서비스를 받기를 원하십니까? (다음 중 하나만 골라 ○표 하여 주십시오.)

① 양로원　　② 노인요양시설
③ 노인전문병원　　④ 노인복지관
⑤ 경로당(또는 마을회관)　　⑥ 노인학교
⑦ 노인복지주택　　⑧ 기타(　　　　　)

□ 다음은 위에서 답한 모든 노인복지서비스에 관한 일반적 질문입니다.

[문제 5] 어르신께서는 현재 거주하고 계시는 지역의 지방자치단체(예를 들면, 구청, 동사무소, 군청)가 노인복지서비스 업무를 잘 수행하고 있다고 보십니까?

① 그렇다　　② 아니다

[문제 6] 현재의 시설노인복지서비스의 경우 모든 어르신들께 혜택이 골고루 전달되고 있다고 생각하십니까?

① 그렇다(문제 8로 감) ② 아니다(문제 7로 감)

[문제 7] (위의 문제 6의 문항에서 ② 아니다 라고 응답한 경우) 왜 그렇다고 생각하십니까?

① 노인복지시설의 수가 부족해서

② 노인복지서비스내용에 대한 홍보가 제대로 되지 않아 본 제도에 대해 노인들이 몰라서

③ 일부 시설이용의 경우 노인들이 지불해야 하는 비용이 부담이 커서

④ 노인들이 적극적으로 자신들의 이익을 찾으려고 하지 않아서

⑤ 일부 노인단체가 혜택을 독점하고 있으므로

⑥ 기타( )

□ 다음은 통계처리를 위해 개인적인 사항 몇 가지만 더 여쭙겠습니다.

[문제 8] 성별은?

① 남성 ② 여성

[문제 9] 어르신의 연세는 현재 만으로 어떻게 되십니까? (만 ____세)

♣ 설문에 응답하여 주셔서 감사합니다! ♣

노인복지서비스 의식조사(전문가)

안녕하십니까?

이 설문조사는 「한국지방행정연구원」에서 수행하는 기본과제 연구를 위한 것입니다. 본 조사에서의 모든 응답내용은 순수하게 학문적 필요에 의해서만 사용될 것이며 개별적인 응답 내용에 대해서는 절대비밀이 보장됩니다. 그리고 본 조사는 옳고 그름을 평가하는 것이 아니므로 평소 느끼시는 바를 그대로 말씀해 주시면 됩니다.

각 문제당 하나의 번호에만 ○표 해 주시기 바랍니다.

감사합니다.

2007년 8월

[문제 1] 선생님께서는 현재 노인복지서비스의 좋은 점은 다음 중 무엇이라고 생각하십니까?

① 수혜 대상이 많다 ② 노인복지서비스의 질이 높다
③ 접근성이 용이하다 ④ 비용이 저렴하다
⑤ 이용하는 서비스 시설이 좋다
⑥ 기타( )

[문제 2] 선생님께서는 현재의 노인복지서비스의 문제점은 다음 중 무엇이라고 생각하십니까?

① 전달체계의 비효율성(중앙과 지방정부 간의 역할 중복)

② 노인복지 프로그램의 미비
③ 재정적 어려움(예산부족)
④ 담당공무원의 수적인 부족과 업무과중
⑤ 담당공무원의 전문성부족
⑥ 기타(　　　　　　　　)

[문제 3] 선생님께서는 현재의 노인복지서비스가 나아가야 할 방향은 무엇이라고 보십니까?
① 수혜대상의 확대　② 담당자의 전문성 제고
③ 노인복지시설에 대한 지원강화　④ 전달체계의 개선
⑤ 노인복지서비스 내용의 다양화
⑥ 기타(　　　　　　　　)

[문제 4] 선생님께서는 지역에서 노인복지서비스 전달에 있어서 가장 큰 문제점은 무엇이라고 생각하십니까?
① 보건복지부와 행정자치부에서 모두 관여하고 있어 행정의 비효율성 발생
② 정확한 서비스 수혜대상자의 파악이 어려워 진짜 서비스를 받아야 할 어르신이 혜택을 받지 못하는 경우 발생
③ 노인단체 등에 낭비성 예산지원
④ 읍면동 사회복지담당공무원의 업무과중
⑤ 예산부족으로 충분한 서비스를 제공하지 못함
⑥ 기타(　　　　　　　　　　　　)

[문제 5] 선생님께서는 노인복지서비스 영역 중에서 어느 부분에서 지방자치단체의 관심과 지원이 가장 필요하다고 생각하십니까?
① 재가노인복지서비스 영역

② 시설노인복지서비스 영역

③ 고령보험 및 일자리창출 등과 같은 제도적 노인복지서비스 영역

④ 기타( )

[문제 6] 선생님께서는 현재 노인복지서비스의 혜택이 모든 노인분들께 골고루 전해지고 있다고 보십니까?

① 그렇다 ② 아니다(문제 7로 감)

[문제 7] (문제 6의 문항에서 ② 아니다 라고 응답한 경우) 왜 그렇다고 생각하십니까?

① 노인복지시설의 수가 부족해서

② 노인복지서비스내용에 대한 홍보가 제대로 되지 않아 본 제도에 대해 노인들이 몰라서

③ 일부 시설이용의 경우 노인들이 지불해야 하는 비용이 부담이 커서

④ 노인들이 적극적으로 자신들의 이익을 찾으려고 하지 않아서

⑤ 일부 노인단체가 혜택을 독점하고 있으므로

⑥ 기타( )

[문제 8] 선생님께서는 노인복지서비스와 관련하여 시민사회단체 또는 지역주민의 자원봉사자 참여가 잘 이루어지고 있다고 생각하십니까?

① 그렇다 ② 아니다(문제 9로 감)

[문제 9] (문제 8의 문항에서 ② 아니다 라고 응답한 경우) 왜 그렇다고 생각하십니까?

① 시민사회단체 또는 지역주민의 노인문제에 대한 관심이 부족하여
② 지방자치단체의 지역내 노인문제에 대한 홍보가 부족하여
③ 지역 내에 노인을 위한 자원봉사제도가 없어서
④ 시민사회단체나 지역주민이 노인을 위해 자원봉사할 만한 일들이 없어서
⑤ 기타( )

[문제 10] 현재 노인들의 가장 큰 문제점은 무엇이라고 생각하십니까?
① 건강문제 ② 경제적 어려움
③ 사회적 소외/외로움(독거 및 부부만 생활)
④ 가족간 갈등(부모학대 등)
⑤ 기타( )

[문제 11] 현재 노인들에게 가장 필요한 복지서비스는 무엇입니까? (분야별로 한가지씩만 ○표 하여 주십시오.)

분 야	제도적 노인복지서비스	시설 노인복지서비스	재가 노인복지서비스
서비스명	① 노인일자리 사업 ② 경로연금 ③ 노인교통비 ④ 기타 다른 경로우대서비스 ⑤ 노인학대예방센터 이용 ⑥ 노인복지기금으로부터의 지원 ⑦ 기타( )	① 양로원 ② 노인요양시설 ③ 노인전문병원 ④ 노인복지관 ⑤ 경로당(또는 마을회관) ⑥ 노인학교 ⑦ 노인복지주택 ⑧ 기타( )	① 노인돌보미서비스 이용권 ② 가정봉사원 파견(가사지원 서비스) ③ 노인수발보험 ④ 노인주간보호 ⑤ 노인단기보호 ⑥ 무료급식사업(식사배달 서비스) ⑦ 치매상담센터 ⑧ 기타( )

※ 노인주간보호: 가족을 대신해 낮에 시설에서 노인보호
※ 노인단기보호: 가족을 대신해 약 7일~10일 정도 시설에서 노인보호

[문제 12] 향후 우리나라는 고령화사회가 더욱 심화될 것으로 예상됩니다. 앞으로 10~20년 후 노인들에게 가장 필요한 서비스는 무엇이라고 생각하십니까? (분야별로 한 가지씩만 기재해 주십시오.)

분 야	제도적 노인복지서비스	시설 노인복지서비스	재가 노인복지서비스
서비스명			

□ 다음은 통계처리를 위한 개인적인 사항에 관한 내용입니다.

[문제 13] 선생님의 성별은?

① 남성　② 여성

[문제 14] 선생님의 연세는 현재 만으로 어떻게 되십니까?

(만 ________ 세)

[문제 15] 선생님의 근무처는 어디입니까?

① 시·군·구청　② 읍·면·동사무소

③ 보건소　④ 시설

⑤ 기타(　　　　)

♣ 설문에 응답하여 주셔서 감사합니다! ♣

공저자 약력

조석주(趙錫柱)

한국지방행정연구원 연구위원
경제학 박사
건국대학교 도시행정학 전공(석사)
세종대학교 경제학 전공(박사)
행정자치부 주민소환제 자문위원
군포환경자치시민회 대표
지방정부혁신론(공저)
지방정부기능론(공저)

이상묵(李相默)

한국지방행정연구원 수석연구원
정치학 박사
한국외국어대학교 정치외교학 전공(석사)
미국 Texas Tech University 정치학 전공(박사)
한국정치학회 연구간사
민주시민교육의 전략과 과제(공저)
한국의 국회의원 선거제도 변화의 원인 분석(논문)

한국지방행정연구원총서
지방자치단체의 노인복지서비스

2007년 12월 31일 초판발행
2011년 4월 10일 중판발행

공저자 조석주 · 이상묵
발행인 안 종 만
발행처 (주) 박영사
서울특별시 종로구 평동 13-31번지
전화 (733)6771 FAX (736)4818
등록 1959. 3. 11. 제300-1959-1호(倫)

저자와 협의하에 인지첩부를 생략함

www.pakyoungsa.co.kr e-mail: pys@pakyoungsa.co.kr

정 가 19,000원 ISBN 978-89-7189-575-7